KB210732

머레이의 위대한 영성

머레이의 위대한 영성

저자 앤드류 머레이
역자 정혜숙

초판 1쇄 발행 2004. 2. 18.
개정판 1쇄 발행 2007. 3. 28.
큰글확장판 1쇄 발행 2024. 2. 1.

발행처 도서출판 브니엘
발행인 권혁선

책임교정 조은경
책임영업 기태훈
책임편집 브니엘 디자인실

등록번호 서울 제2006-50호
등록일자 2006. 9. 11.

서울특별시 송파구 백제고분로28길 25 B101호 (05590)
마케팅부 02)421-3436
편 집 부 02)421-3487
팩시밀리 02)421-3438

ISBN 979-11-93092-16-3 03230

독자의견 02)421-3487
이 메 일 editorkhs@empal.com

북카페주소 cafe.naver.com/penielpub.cafe
인스타그램 @peniel_books

도서출판 브니엘은 독자들의 원고를 설레는 마음으로 기다리고 있습니다.
위의 이메일로 간단한 기획 내용 및 원고, 연락처 등을 보내주십시오.

도서출판 브니엘은 갓구운 빵처럼 항상 신선한 책만을 고집합니다.

내면 세계의 질서와 영적 성장을 회복하는

머레이의
위대한 영성

앤드류 머레이 지음 | 정혜숙 옮김

브니엘

우리는 매일 가장 중요한 하나님의 말씀을 읽고 기도하기 위해서 혼자 조용한 시간을 가질 필요가 있다. 하나님과 교제하며 보내는 시간은 축복을 가져오며 영적인 생활을 건강하게 해준다. 그리고 이 세상을 살아가는 데 도움을 준다. 그때 비로소 우리는 하나님의 나라를 섬기기 위한 진정한 영적 승리자와 중보자로서 준비가 될 수 있다.

이 책에서 나는 내면생활을 위한 다양한 측면을 체계적으로 토론하려고 시도했다. 이러한 토론의 교훈들이 당신의 숨겨진 내면생활과 하나님과의 교제를 회복하는 데 도움이 되길 간절히 소망한다.

남아프리카에는 오렌지 나무를 해치는 여러 질병이 있다. 그중 하나가 '뿌리 질병'이다. 이 병에 걸린 나무는 정상적으로 열매를 맺기 때문에 보통 사람들은 표면적으로 어떤 문제도 없는 것처럼 느낀다. 하지만 전문가들은 진단을 통해 실체를 파악하기에 나무가 서서히 죽어가고 있다는 사실을 알게 된다.

이 병은 포도나무에도 영향을 주는데, 지금까지 단 한 가지 처방만이 발견되었다. 그것은 병든 뿌리들을 제거하고 새로운 뿌리를 제공하는 것이다. 즉 포도나무를 새로운 뿌리에 접붙여서 번식시키는 것이다. 그렇게 하면 조만간 전과 똑같이 생명력 있는 줄기와 가지, 그리고 열매들을 볼 수 있다. 그 뿌리는 완전히 새로운 것이기에 질병에 저항할 수 있게 된다. 이처럼 이 병은 눈에 보이지 않는 식물의 한 부분에서 시작된 것이지만 반드시 치료되어야만 한다.

마찬가지로 오늘날 수많은 성도의 영적 생활이 하나님과의 친밀한 교제를 거부함으로써 생긴 '뿌리 질병'으로 고통당하고 있다. 간절한 기도가 부족한 결과이다. 이는 세상에 저항할 수 있는 능력이 상실되어 풍성한 열매를 맺을 수 없음을 의미한다.

내면의 기도방을 회복하는 것 외에는 무엇으로도 회복할 수 없다. 우리는 매일 삶의 뿌리를 그리스도께 더욱더 깊이 내리고, 삶의 우선순위를 하나님과 개인적인 교제를 갖는 것에 둘 때 진실한 거룩함을 꽃피울 수 있다. "믿음으로 말미암아 그리스도께서 너희 마음에 계시게 하옵시고 너희가 사랑 가운데서 뿌리가 박히고 터가 굳어져서"(엡 3:17).

만일 당신의 아침 시간을 하나님과 함께 거룩하게 만든다면 그날 하루가 거룩하게 될 것이다. 그 뿌리가 건강하다면 가지도 역시 그럴 것이기 때문이다. "제사하는 처음 익은 곡식 가루가 거룩한즉 떡덩이도 그러하고 뿌리가 거룩한즉 가지도 그러하니라"(롬 11:16). 나는 이 책이 예수님 안에서 하나님께 더욱더 가까이 나아가 더 많은 열매 맺는 생활을 추구하는, 즉 숨겨진 내면생활의 거룩함을 추구하는 하나님의 자녀들에게 축복이 되길 기도한다.

글쓴이 앤드류 머레이

P·a·r·t·1
·
·
·

하나님과 교제하는
사귐의 영성

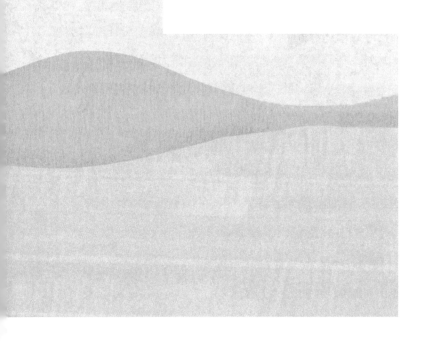

너는 기도할 때에 네 골방에 들어가 문을 닫고 은밀한 중에 계신 네
아버지께 기도하라. 은밀한 중에 보시는 네 아버지께서 갚으시리라.
마태복음 6:6.

　우리는 하나님의 종으로서 아침 시간에 개인적인 예배를 드려야
한다. 하루를 시작하는 아침 시간보다 더 적합한 시간은 없기 때문
이다. 대부분의 그리스도인은 하나님과 교제하는 것을 의무로, 또는
하루를 시작하기 전 한 부분을 헌신하는 것을 특권으로 여긴다. 다
른 사람들이 그 시간을 조용한 시간, 고요한 시간이라고 말하지만
많은 그리스도인은 '깨어남의 시간' 이라고 부른다. 그리스도인들은
1시간 혹은 30분, 또는 15분 정도를 할애해서 "오 주여, 아침에 주께
서 나의 소리를 들으시리니"라고 고백했던 시편 기자처럼 믿음을 고
백한다.

아침에 하나님을 만나라

한 유명한 그리스도인 지도자는 기도와 하나님의 말씀을 묵상하기 위한 조용한 시간의 중요성에 대해 다음과 같이 말했다. "그리스도를 구주로서 받아들이는 것과 성령의 세례를 요구하는 것 못지않게 아침에 깨어남을 계속 유지하고, 그날의 첫 시간을 혼자서 하나님과 함께 보내겠다고 결심하는 것보다 우리 자신이나 다른 사람들에게 더 위대한 일을 가져오게 하는 행위는 없다."

언뜻 보기에 이 문장은 너무나 강렬하게 보인다. 실제로 아침에 깨어남을 계속 유지하기 위한 확고한 결심은 그리스도를 구세주로 받아들이는 것과 성령의 세례와 비교해 볼 때 그렇게 중요하지 않은 것처럼 보인다. 그러나 매일 하나님과의 친밀한 교제 없이 성령의 인도하심과 능력 안에서 살아가는 것은 불가능하다. 따라서 아침에 깨어남은 우리 삶을 그리스도께 복종하고 성령께 끊임없이, 그리고 완전히 의지하도록 해주는 중요한 열쇠이다.

하지만 아침에 깨어남 자체가 목적이 되어서는 안 된다. 비록 그것이 기도와 하나님의 말씀을 듣는 축복의 시간이고, 우리에게 어느 정도 영적 회복에 도움을 준다고 하더라도 그 자체만으로는 충분하지 못하다. 오히려 기도는 온종일 그리스도의 현존을 유지하도록 돕는다.

특정한 사람이나 일에 대한 개인적인 헌신은, 심지어 다른 사람이나 일들이 우리의 주의를 끌 때조차도 항상 우리 마음속에 그 사람이나 일이 자리 잡고 있다는 것을 의미한다. 마찬가지로 예수님에 대한 개인적인 헌신은 한순간이라도 그분에게서 자신을 분리하지 않겠다는 결단을 의미한다.

하나님의 사랑 안에 머물기 위해, 그분의 은혜를 유지하기 위해, 그리고 하나님의 뜻을 행하고 그분을 즐겁게 하려고 우리가 하나님께 진정으로 헌신한다면 아침에 깨어남을 소홀히 해서는 안 된다. 그때 "나는 매일 당신을 필요로 합니다. 순간마다 나는 하나님의 사랑 안에서 보호받고 있습니다"라는 아름다운 시구가 우리 삶의 진실을 표현하는 언어가 될 것이다.

"종일 주의 이름 때문에 기뻐하며 주의 공의로 말미암아 높아지오니"(시 89:16).
"나 여호와는 포도원 지기가 됨이여. 때때로 물을 주며 밤낮으로 간수하여 아무든지 이를 해치지 못하게 하리로다"(사 27:3).

이는 거룩한 능력의 말씀이다. 믿는 자들은 그리스도 없이 한순간도 서 있을 수 없는 존재이다. 그렇기에 하나님에 대한 개인적인 헌신은 항상 하나님의 사랑과 하나님의 뜻 안에 머물러야 한다. 다른 어떠한 것에도 만족해서는 안 된다. 이것이 진정한 성경적 그리스도인의 생활이다. 아침에 깨어남의 중요성과 진정한 목적은 우리의 개인적인 헌신이 그 시간의 주된 목적이 될 때 비로소 인식될 수 있다.

하나님의 현존을 유지하라

우리가 추구하는 대상이 더욱더 분명할수록 우리는 그것을 성취하기 위해 최고의 방법을 받아들인다. 우리는 영적인 삶을 방해하는 것이 아무것도 없도록 온종일 예수님과 동행해야 한다.

우리는 하루의 성공이 아침 시간에 혼자서 하나님과 함께 시간을 보내는 것에 달려 있다는 사실을 유념해야 한다. 묵상과 기도, 그리고 말씀이 아침 시간에 예수님과 나 사이의 연결을 온종일 회복시켜준다는 사실을 잊어서는 안 된다.

이제 아침에 깨어남을 우리 삶에 하나님의 현존을 유지하기 위한 위대한 목적의 수단으로 여기자. 그러면 세상에서 즐거움을 찾고, 우리를 유혹하는 것, 우리가 염려하는 모든 것은 나의 조용한 헌신의 시간을 방해하는 것으로 여겨질 것이다.

우리 속에 예수님의 형상을 형성하도록 하는 참된 기독교의 본질은 우리의 가장 일상적인 행동에서 하나님의 기질과 태도가 나타나도록 하는 것이다. 그러기 위해서는 하나님과 성령의 뜻을 사람들과 우리의 관계 속에서, 우리의 자유시간 속에서 분명하게 소유해야만 한다. 그때 우리는 일상에서 매일 예수님을 닮아가게 될 것이다.

이 모든 것은 우리 안에 살아계신 하나님이 예수님 자신이시기에 가능한 일이다.

이러한 목적이 당신의 개인 기도에서 너무 많은 시간을 차지하고, 너무 어려운 일처럼 여겨져도 절대 중단해서는 안 된다. 아침은 주님이 당신에게 일상적인 관심을 풍부하게 보상해 주시는 시간이다. 이제 당신은 새로운 목적과 새로운 신앙으로 기도와 성경 읽기로 되돌아가야 한다. 아침에 깨어남이 그날에 영향을 주기 시작할 때 그날 하루는 온전히 첫 시간에 의존하게 될 것이다. 예수님과 함께하는 교제가 당신 삶에 새로운 의미와 능력을 부여하게 될 것이다.

우리가 예수님 안에서 하나님과 지속적인 교제를 추구할 때 예수님과 함께하는 일정한 만남의 시간만이 하나님의 임재를 온종일 유지시켜 줄 것이라는 사실을 깨닫게 된다. 그러나 이처럼 매일 경건의 시간을 갖기 위해 기본적으로 해야 할 중요한 일이 있다. 그것은 그 목적을 이루기 위해 치러야 하는 대가이다. 그것이 노력이든 혹은 자기 부정이든 그 무엇이든 간에 온 마음을 다하겠다는 결심이 필요하다. 학문적인 연구를 하든 운동을 하든 간에 모든 학생에게는 성공이라는 목적을 이루기 위한 결심이 필요하다. 이처럼 우리에게는 '완전한 헌신'이라는 결심이 필요하다. 이보다 더 중요한 것은 없다. 하나님의 사랑 안에 거하기 위해 온 마음을 다하는 완전한 헌신이 요구된다.

또한 그리스도의 현존을 추구하는 것은 우리의 믿음을 불충실하게 하고 피상적으로 만드는 모든 유혹을 극복하게 하는 확고한 결심이 된다. 이러한 결심은 아침에 깨어남이 우리의 믿음을 강하게 하는 데 강력한 힘을 제공한다. 그리고 우리에게 방종에 저항할 수 있는 담대함을 준다. 우리를 예수님과의 영적 교제를 위해 문을 닫고 기도의 골방으로 들어가게 만든다. 이러한 결심은 우리 매일의 생활에서 매우 중요한 열쇠가 된다. 위대한 일은 그가 무엇을 해야 하는지를 알고, 그것을 위해 그의 온 마음을 다할 수 있는 사람에게서 이루어진다.

하나님 대한 완전한 헌신을 자신의 모토로 삼는 성도는 바로 그 아침 시간에 그 장소에서 거룩한 부르심을 매일 다시 체험하게 될 것이다. 경건의 시간 동안 그의 의지는 부르심에 합당한 걸음을 걷도록 강화될 것이다. 그의 믿음은 그를 만나기 위해 기다리시는 하나님의 임재로 보상받게 될 것이다. 그리고 그 보상이 매일 그를 보호할 것이다. 나아가 우리는 우리를 사랑하시는 하나님을 통해 더욱더 강한 청지기로 거듭날 것이다. 살아계신 예수님은 지금도 우리를 만나기 위해 기다리고 계신다.

비밀스러운 골방으로 들어가라

인간은 하나님과 교제하도록 창조되었다. 하나님은 인간을 자신의 형상대로 만드셨다. 그래서 인간은 하나님을 이해하고 즐거워하며 그분의 뜻 안에 들어갈 수 있게 된 것이다. 그리고 하나님의 영광 안에 거할 수 있는 능력을 갖추게 된 것이다. 하나님은 어느 곳이든지 현존하시며 모든 것이 충만하신 분이기에 인간은 이러한 지속적인 교제의 기쁨 안에서 살아야 한다. 하지만 죄가 인간에게서 하나님과의 교제를 빼앗아가 버렸다. 그 결과 인간은 하나님과의 교제 없이는 어디에서든지 그 마음을 안전하게 할 수 없게 되었다.

그리스도는 바로 이러한 교제의 회복을 위해 이 땅에 오셨다. 그 회복은 잃어버린 피조물이 하나님께로 돌아오는 것이며, 사람들이 하나님께서 창조하신 본래의 모습으로 되돌아오는 것이다. 하나님과의 교제는 그것이 하늘에서 이루어진 것처럼 이 땅에서 그 모든 축복이 이루어지게 한다. 이러한 축복은 우리가 다음과 같은 약속의 말씀에 순종할 때 찾아온다.

"돈을 사랑하지 말고 있는 바를 족한 줄로 알라. 그가 친히 말씀하시기를 내가 결코 너희를 버리지 아니하고 너희를 떠나지 아니하리라 하셨느니라"(히 13:5).

그때 비로소 우리는 "하나님 아버지는 나와 항상 함께 계신다"라고 고백할 수 있다. 하나님과 함께하는 교제는 우리 주변을 둘러싸고 있는 상황이나 환경이 어떠하든 간에 그분이 온종일 우리의 모든 것이 되심을 의미한다. 온종일 하나님과 함께하는 친밀하고 즐거운 교제를 유지하기 위한 능력은 은밀한 기도 시간에 그분을 추구하고자 하는 강력한 열심에 전적으로 달려 있다. 그리고 아침에 깨어남, 혹은 경건의 시간을 가질 때 알아야 할 한 가지 기본적인 것은 바로 하나님과 함께하는 교제이다.

이 교제에 관하여 예수님은 우리에게 비밀스러운 기도를 가르쳐 주셨다. "문을 닫고 은밀한 중에 계시는 네 아버지께 기도하라." 실제로 비밀스러운 곳에 있을 때 우리는 하나님 아버지의 현존을 느끼게 된다. 우리는 그곳에서 하나님이 우리를 보고 계시며 우리의 소리를 듣고 계심을 알아야 한다. 그러나 우리의 모든 간구보다 더 중요한 것이 있다. 그것은 하나님이 우리를 지켜보고 계시며 우리와 마주하고 계심을 온 마음으로 생생하게 확신하는 것이다. 그리고 우리가 우리의 모든 것을 아시는 하나님께 우리의 사정을 숨김없이 다 아뢸 때 비로소 우리는 하나님과 함께하는 실제적인 교제를 누리게 된다는 것이다.

그런데 오늘날 그리스도인들은 자신의 내적 기도의 골방에서 벗어나 대단한 위험에 처해 있다. 우리는 하나님과 함께하는 생생한 교제를 기도나 성경 공부로 대치하려고 한다. 교제는 우리의 사랑, 우리의 마음, 우리의 삶을 하나님께 드리고, 그분의 사랑, 생명, 그리고 성령을 하나님에게서 받는 생동감 있는 교환이다. 그런데 주객이 전도되어 그 교제에서 기도와 성경 공부가 핵심이 되고 있다. 실제로 우리의 필요와 그 표현 – 겸손하게 전심으로, 그리고 믿음으로 기도하고자 하는 우리의 열망 – 이 우리의 마음을 너무 강하게 사로잡게 되면 하나님의 형상에 대한 빛과 그분의 사랑에 대한 즐거움이 우리에게로 들어올 수 없다. 또한 성경 공부가 우리를 너무 흥미롭게 해서 하나님의 말씀이 하나님 자신을 대치하게 될 수도 있다.

이처럼 교제에 있어 가장 큰 방해는 자신의 영혼을 하나님께로 인도하는 대신에 다른 그 무엇에 사로잡히게 하는 것이다. 우리가 지속적인 교제의 능력 없이 하루의 삶을 살게 된다면 우리 아침의 헌신 시간이 안전하지 못한 만큼 우리의 영적인 삶도 안전하지 못할 것이다.

만약 우리가 골방에서 행하는 모든 것이 "나는 온종일 하나님과 함께 일하기를 원하며 바로 이 시간이 내 아버지가 나와 함께, 그리고 내가 그분과 함께하는 둘만의 교제의 세계로 들어가는 순간이다"라는 결단에 순종하게 된다면, 우리의 삶에 얼마나 큰 변화가 찾아올 것인가! 만약 우리가 "하나님이 나를 책임지신다. 그분이 나와 함께 가실 것이다. 나는 온종일 하나님의 능력으로 그분의 뜻을 행하려고 할 것이다. 나는 다가올 것들에 대비해 모든 것이 준비되어 있다"라고 고백한다면, 얼마나 위대한 힘이 우리 안에 들어오겠는가! 그렇다. 만약 비밀스러운 기도가 단지 지식과 능력만을 요구할 뿐만 아니라 하루 동안 신실한 하나님의 안전한 보호하심을 우리의 삶 속에 준다면, 우리의 생활 속에 얼마나 큰 변화가 찾아오겠는가!

하나님과 함께하는 비밀스러운 교제가 신령과 진정으로 계속 유지될 때 우리의 공적인 삶은 사람들 앞에서 보상받게 될 것이다. 은밀하게 보고 계신 하나님이 책임지실 것이며 공개적으로 보상해주실 것이다. 이렇듯 오직 하나님 한 분만이 하나님의 능력 안에서 사람들과 조화를 이루며 살아가기 위한 확실하고 유일한 길이다.

모세가 그 증거의 두 판을 모세의 손에 들고 시내산에서 내려오니 그 산에서 내려올 때에 모세는 자기가 여호와와 말하였음으로 말미암아 얼굴 피부에 광채가 나나 깨닫지 못하였더라. 아론과 온 이스라엘 자손이 모세를 볼 때에 모세의 얼굴 피부에 광채가 남을 보고 그에게 가까이 하기를 두려워하더니. 출애굽기 34:29-30.

아침 경건의 시간에 갖는 하나님과의 교제를 우리 주위 사람들과의 교제로 전환하는 것은 너무나 어려운 일이다. 만약 우리가 아침 시간에 하나님과 만났다면 우리는 하나님의 현존에 대한 임재와 그분에 대한 우리의 순종을 계속 유지하기를 열망할 것이다. 그러나 우리가 아침 식탁으로 나아가는 순간 모든 환경은 갑자기 달라진다. 가족과 함께하고 세상일에 빠지게 됨에 따라 우리는 경건의 시간을 통해 얻은 것들을 잃어버리기 시작한다.

광채를 유지하라

많은 젊은 그리스도인들은 다른 사람들과 이야기할 때 어떻게 자신의 마음이 진리로 충만함을 유지할 수 있는지 의아해한다. 심지어 종교적인 사이클 속에서 어떻게 우리에게 항상 유익과 즐거움을 주는 교제를 할 수 있는지 궁금해한다. 그럼 이제부터 어떻게 다른 사람들과의 대화가 하나님과의 지속적인 교제의 삶을 방해하지 않도록 할 수 있는지 알아보자.

모세가 얼굴에 덮개를 썼던 이야기는 우리에게 중요한 교훈을 준다. 즉 하나님과 친밀하고 지속적인 교제는 머지않아 그 징후를 남겨야 하며 우리 주위의 사람들에게 나타나야 한다는 것이다. 모세가 그의 얼굴에 광채가 나는 것을 알지 못했던 것처럼 우리 자신도 우리로부터 하나님의 빛이 빛나고 있음을 알아챌 수 없다. 대신에 하나님과의 교제는 우리를 질그릇과 같은 존재로 더욱더 겸손하게 만든다.

"어두운 데에 빛이 비치라 말씀하셨던 그 하나님께서 예수 그리스도의 얼굴에 있는 하나님의 영광을 아는 빛을 우리 마음에 비추셨느니라. 우리가 이 보배를 질그릇에 가졌으니 이는 심히 큰 능력은 하나님께 있고 우리에게 있지 아니함을 알게 하려 함이라"(고후 4:6-7).

사람들 안에 있는 하나님의 현존은 가끔 교제 속에서 불편을 느끼게 하는 원인이 된다. 그러나 진실한 성도는 그의 얼굴에 가린 베일이 무엇을 의미하는지 알 것이다. 그리고 그는 진실로 그를 둘러싸고 있는 사람들과 같은 사람임을 겸손과 사랑으로 증명할 것이다. 그리고 머지않아 보이지 않는 세상을 다루시며 그 안에 살아계신 하나님의 사람이라는 사실이 증명될 것이다.

그러나 하나님과 함께 교제하는 축복은 사람들과 너무 깊은 교제에 들어감으로써 쉽게 잃어버리게 될 수도 있다. 내면세계의 기도영은 온종일 거룩함을 지킴으로써 이어져야만 한다. 우리는 몇 시에 대적이 올지 그 시간을 알지 못한다. 이러한 지속적인 깨어 있음은 끊임없이 자제함으로써 유지될 수 있다. 또한 우리의 본능적인 충동이 우리의 삶을 주관하지 못하게 함으로써 유지될 수 있다.

이러한 경계의 영은 다른 가족 구성원들에 의해서 격려받을 수 있다. 각자 아침 식탁에서 어떤 주제에 적합한 성경 구절을 번갈아서 인용할 수도 있다. 이러한 훈련은 영적이고 거룩한 대화를 하기 위한 기회를 쉽게 제공한다. 하나님의 현존에 대한 친밀감이 아침 경건의 시간의 목적이 되어 깊은 겸손과 사랑으로 주위 다른 사람들과 대화하게 될 때, 우리는 지속적인 교제의 기쁨을 온종일 누리게 된다.

문을 닫고 기도의 골방으로 들어가서 은밀한 중에 계시는 하나님 아버지를 만나는 것은 위대한 일이다. 하지만 다시금 그 문을 열고 아무것도 방해할 수 없는 하나님 현존의 즐거움으로 나오는 그것은 더욱더 위대한 일이다. 어떤 사람들에게 이러한 삶은 무의미한 것처럼 보일 것이다. 그들은 이와 같은 하나님 아버지와의 지속적인 교제 없이도 훌륭한 그리스도인이 될 수 있다고 생각한다. 그러나 만약 우리가 교회와 우리를 둘러싸고 있는 세상에 대해 영향력을 끼치려고 한다면 우리는 하나님과 그분의 현존으로 충만해야만 한다. "우리는 어떻게 온종일 하나님의 능력에 의지할 수 있는가?"라는 질문 외의 다른 모든 것은 이차적인 것이 되어야만 한다.

기도와 말씀은 불가분의 관계이다

개인적인 경건생활에서 기도와 하나님의 말씀 사이의 연관성은 가끔 다음과 같이 표현된다. "나는 기도한다. 나는 하나님께 이야기한다. 나는 성경을 읽고 하나님은 내게 말씀하신다." 모세의 삶을 다룬 성경에서 이러한 생각을 아름답게 끌어낼 수 있는 구절이 있다.

"모세가 회막에 들어가서 여호와께 말하려 할 때에 증거궤 위 속 죄소 위의 두 그룹 사이에서 자기에게 말씀하시는 목소리를 들었으니 여호와께서 그에게 말씀하심이었더라"(민 7:89).

모세가 자신과 백성들을 위해 기도하러 들어가 그분의 지시하심을 기다리고 있을 때 그는 자신을 기다리고 계시는 하나님을 발견하게 되었다. 여기에 교제에 관한 놀라운 교훈이 있다.

기도하고자 하는 심령은 하나님이 말씀할 만한 준비된 바로 그 심령이다. 기도하고자 하는 심령은 하나님이 말씀하시는 것을 듣기 위해 기다리는 듣는 영이다. 하나님과의 대화 가운데 하나님의 현존과 그분이 취하시는 부분은 나 자신 만큼이나 진실해야 한다. 우리는 성경을 읽고 기도하는 것이 어떻게 하나님과의 진실한 교제가 될 수 있는지를 알아야 한다. 그러기 위해 우리는 모세의 경우를 심도 있게 살펴볼 필요가 있다.

먼저, 적절한 장소로 들어가야 한다. 모세는 하나님과 이야기하기 위해 성막 안으로 들어갔다. 그는 백성들로부터 빠져나와 하나님과 홀로 있었다. 그는 하나님이 발견될 수 있는 장소로 갔다. 예수님은 우리에게 그러한 장소가 어디인지 말씀해 주셨다. 예수님은 우리에게 문을 닫고 기도의 골방에 들어가 은밀한 중에 보고 계신 아버지께 기도하라고 하셨다. 예수님은 하나님과 교제하기 위해 다른 모든 것에서 벗어날 것을 요구하셨다.

우리가 진정으로 하나님과 홀로 있는 그 장소는 우리에게 있어 하나님 현존의 비밀이 될 수 있다. 그렇기에 우리에게는 무엇보다 마음의 집중이 필요하고 하나님을 개인적으로 만나기 위한 온전한 기대와 그분을 직접 대하고자 하는 갈급함이 필요하다. 하나님과 교제하기 위해 그곳으로 들어가는 사람들은 자신에게 말씀하시는 하나님의 음성을 듣게 될 것이다.

둘째, 올바른 자세를 취해야 한다. 모세는 속죄소에서 하나님의 음성을 들었다. 속죄소 앞에서 고개를 숙이고 자신의 무가치함을 인정하는 태도는 하나님을 신뢰하는 데 있어서 자신을 방해하는 것이 아니라 오히려 진정한 도움이 된다. 속죄소에서 우리는 위를 바라봄으로써 하나님의 눈과 만나게 될 것을 확신할 수 있으며, 우리의 기도가 그분께 들려질 것과 하나님의 사랑스러운 응답이 주어질 것을 확신할 수 있다. 속죄소에서 고개를 숙임으로써 하나님의 자비가 우리를 지켜볼 것이며 축복해주실 것을 확신할 수 있다.

셋째, 올바른 사고방식을 가져야 한다. 듣는 태도가 중요하다. 우리는 기도를 하면서 너무 많은 말을 하는 데 집중하거나, 혹은 너무 말을 적게 해서 하나님이 말씀하시는 그 음성을 전혀 듣지 못하는 경우가 있다. 그것은 우리가 기대하거나 기다리지 못한 결과이다.

"여호와께서 이와 같이 말씀하시되 하늘은 나의 보좌요, 땅은 나의 발판이니 너희가 나를 위하여 무슨 집을 지으랴. 내가 안식할 처소가 어디랴. …내 손이 이 모든 것을 지었으므로 그들이 생겼느니라. 무릇 마음이 가난하고 심령에 통회하며 내 말을 듣고 떠는 자 그 사람은 내가 돌보려니와"(사 66:1-2).

넷째, 기도의 골방으로 들어가야 한다. 그리고 하나님이 말씀하시는 음성을 듣기 위해 겸손하게 기대하면서 기다려야 한다. 기도 중에 가장 위대한 축복은 쉬지 않고 계속 기도하며 하나님이 말씀하시도록 하는 것이다. 우리는 하나님의 말씀을 읽음으로써 우리에게 말씀하시는 하나님의 음성을 정말로 듣게 될 것이다.

이처럼 기도와 하나님의 말씀은 서로 불가분의 관계이다. 둘은 서로 의존하고 있다. 먼저 말씀은 하나님이 나를 위해 무엇을 행하실지 기도에 관한 내용을 가르쳐준다. 또한 말씀은 하나님이 어떻게 나에게 다가오셨는지 기도의 통로를 보여주며 내가 하나님의 음성을 들을 수 있다는 확신과 기도의 능력을 심어준다. 그리고 말씀은 하나님이 나를 위해 무엇을 행하실지 기도에 대한 응답을 알려준다. 그러면서 기도는 하나님에게서 나오는 말씀을 받아들이기에 합당한 마음으로 나를 준비시키며, 말씀에 대한 영적인 이해를 돕기 위해 성령이 가르치시도록 마음을 준비시켜 준다. 그리고 믿음이 말씀을 움직이는 힘의 참여자가 되도록 마음을 준비시켜 준다.

이 둘의 관계를 왜 뗄 수 없는지는 매우 분명하다. 기도와 말씀은 하나의 공통된 중심을 가졌기 때문이다. 바로 하나님이시다. 기도는 하나님을 찾는 것이고 말씀은 하나님을 드러내는 것이다. 기도 중에 우리는 하나님께 질문한다. 그러면 하나님은 말씀 가운데 우리에게 대답하신다. 기도 중에 우리는 하나님과 함께 거하기 위해 하늘나라로 올라간다. 그러면 하나님은 말씀 가운데 우리와 함께 거하시기 위해 이 땅으로 내려오신다. 기도 중에 우리는 하나님께 자신을 내드린다. 그러면 하나님은 말씀 가운데 우리에게 자신을 보여주신다.

그렇다. 하나님은 기도와 말씀 가운데 모든 것이 되신다. 그렇기에 우리는 마음의 중심에서 하나님을 찾고 열망해야 한다. 그럴 때 비로소 기도와 말씀은 하나님과 교제하는 축복이 될 것이다. 그리고 그 교제 가운데 생각과 사랑과 삶을 교환하게 될 것이며, 하나님 안에 거하게 될 것이며, 우리 안에 하나님이 거하시게 될 것이다.

사람이 자기의 친구와 이야기함 같이 여호와께서는 모세와 대면하
여 말씀하시며 모세는 진으로 돌아오나 눈의 아들 젊은 수종자 여호
수아는 회막을 떠나지 아니하니라. 출애굽기 33:11.

모세는 이스라엘의 지도자가 되기 위해 지명된 첫 번째 사람이
자, 하나님과 대면하여 대화를 나눈 유일한 사람이다. 그렇기에 우
리는 하나님의 종으로서 모세가 누린 친밀한 기도의 모범을 묵상하
고 연구함으로써 모세처럼 하나님과 친밀한 교제를 나눌 수 있다.

하나님과 친밀하게 대면한 모세

하나님은 애굽에서 모세를 처음 부르셨다. 그때 모세는 하나님

께 자신이 이스라엘 백성에게 무슨 말을 해야 하는지를 여쭈었다.

"모세가 하나님께 아뢰되 내가 누구이기에 바로에게 가며 이스라엘 자손을 애굽에서 인도하여 내리이까. 하나님이 이르시되 내가 반드시 너와 함께 있으리라. 네가 그 백성을 애굽에서 인도하여 낸 후에 너희가 이 산에서 하나님을 섬기리니 이것이 내가 너를 보낸 증거니라. 모세가 하나님께 아뢰되 내가 이스라엘 자손에게 가서 이르기를 너희의 조상의 하나님이 나를 너희에게 보내셨다 하면 그들이 내게 묻기를 그의 이름이 무엇이냐 하리니 내가 무엇이라고 그들에게 말하리이까"(출 3:11-13).

또한 모세는 자신의 모든 연약함을 하나님께 아뢰었다. 그리고 하나님께 자신의 사명을 경감시켜 달라고 간청했다.

"모세가 대답하여 이르되 그러나 그들이 나를 믿지 아니하며 내 말을 듣지 아니하고 이르기를 여호와께서 네게 나타나지 아니하셨다 하리이다. 여호와께서 그에게 이르시되 네 손에 있는 것이 무엇이냐. 그가 이르되 지팡이니이다. 여호와께서 이르시되 그것을 땅에 던지라 하시매 곧 땅에 던지니 그것이 뱀이 된지라. 모세가 뱀 앞에서 피하매 여호와께서 모세에게 이르시되 네 손을 내밀어 그 꼬리를 잡으라. 그가 손을 내밀어 그것을 잡으니 그의 손에서 지팡이가 된지라. 이는 그들에게 그들의 조상의 하나님 곧 아브라함의 하나님, 이삭의 하나님, 야곱의 하나님 여호와가 네게 나타난 줄을 믿게 하려 함이라 하시고, 여호와께서 또 그에게 이르시되 네 손을 품에 넣으라 하시매 그가 손을 품에 넣었다가 내어보니 그의 손에 나병이 생겨 눈 같이 된지라. 이르시되 네 손을 다시 품에 넣으라 하시매 그가 다시 손을 품에 넣었다가 내어보니 그의 손이 본래의 살로 되돌아왔더라. 여호와께서 이르시되 만일 그들이 너를 믿지 아니하며 그 처음 표적의 표징을 받지 아니하여도 나중 표적의 표징은 믿으리라. 그들이 이 두 이적을 믿지 아니하며 네 말을 듣지 아니하거든 너는 나일강 물을 조금 떠다가 땅에 부으라. 네가 떠온 나일강 물이 땅에서 피가 되리라. 모세가 여호와께 아뢰되 오 주여 나는 본래 말을 잘하지 못하는 자니이다. 주께서 주의 종에게 명령하신 후에도 역시 그러하니 나는 입이 뻣뻣하고 혀가 둔한 자니이다. 여호와께서 그에게 이르시되 누가 사람의 입을 지었느냐. 누가 말 못 하는 자나 못 듣는 자나 눈 밝은 자나 맹인이 되게 하였느냐. 나 여호와가 아니냐. 이제 가라. 내가 네 입과 함께 있어서 할 말을 가르치리라. 모세가 이르되 오 주여 보낼 만한 자를 보내소서"(출 4:1-13).

이스라엘 백성들의 고역이 증가함으로 인해 모세를 고소했을 때도 그는 하나님께 가서 말씀드렸다. "모세가 여호와께 돌아와서 아뢰되 주여 어찌하여 이 백성이 학대를 당하게 하셨나이까. 어찌하여 나를 보내셨나이까"(출 5:22). 모세는 자신의 두려움을 여호와 하나님께서 아시게 했다. "모세가 여호와 앞에 아뢰어 이르되 이스라엘 자손도 내 말을 듣지 아니하였거든 바로가 어찌 들으리이까. 나는 입이 둔한 자니이다"(출 6:12).

이러한 훈련의 시기를 통해 기도에 대한 모세의 놀라운 능력이 계발되었다. 그 이후에 바로는 모세에게 하나님께 자신을 위해 간청해 주도록 요구했다. 출애굽은 모세의 기도 앞에 점차 현실로 다가왔다(출 8-10장 참조). 우리는 모세의 사역과 하나님의 구속에서 기도에 대한 중요성을 이해할 때까지 이 구절들을 계속 연구해야 한다.

출애굽 후에도 모세의 기도는 계속되었다. 홍해 바다에서 모세는 그의 백성들과 함께 울면서 하나님께 간청했다. 그리고 그 응답을 받았다. 광야에서 백성들이 목말랐을 때도, 아말렉이 그들을 공격했을 때도 그들을 그 어려움에서 구한 것은 바로 기도였다. "모세가 여호와께 부르짖어 이르되 내가 이 백성에게 어떻게 하리이까. 그들이 조금 있으면 내게 돌을 던지겠나이다. …모세가 손을 들면 이스라엘이 이기고 손을 내리면 아말렉이 이기더니"(출 17:4,11).

이스라엘 백성들이 시내산에서 금송아지를 만들어 여호와 하나님의 진노를 쌓았을 때도 모세의 기도는 눈앞에 직면한 멸망에서 그들을 건져냈다. "모세가 그의 하나님 여호와께 구하여 이르되 여호와여 어찌하여 그 큰 권능과 강한 손으로 애굽 땅에서 인도하여 내신 주의 백성에게 진노하시나이까. …여호와께서 뜻을 돌이키사 말씀하신 화를 그 백성에게 내리지 아니하시니라"(출 32:11,14).

모세가 드린 수없이 많은 기도는 하나님의 현존이 이스라엘 백성과 함께하시도록 만들었다. "내가 참으로 주의 목전에 은총을 입었사오면… 이 족속을 주의 백성으로 여기소서. 여호와께서 이르시되 내가 친히 가리라. 내가 너로 쉬게 하리라"(출 33:13-14).

하나님의 영광의 계시를 다시 보게 한 것도 바로 기도였다.

"모세가 이르되 원하건대 주의 영광을 내게 보이소서. 여호와께서
이르시되 내가 내 모든 선한 것을 네 앞으로 지나가게 하고 여호
와의 이름을 네 앞에 선포하리라. 나는 은혜 베풀 자에게 은혜를
베풀고 긍휼히 여길 자에게 긍휼을 베푸느니라"(출 33:18-19).

하나님의 영광의 계시가 주어졌을 때 새로운 언약을 받게 한 것
도 바로 신선한 기도였다.

"이르되 주여 내가 주께 은총을 입었거든 원하건대 주는 우리와
동행하옵소서. 이는 목이 뻣뻣한 백성이니이다. 우리의 악과 죄
를 사하시고 우리를 주의 기업으로 삼으소서. 여호와께서 이르
시되 보라. 내가 언약을 세우나니 곧 내가 아직 온 땅 아무 국민
에게도 행하지 아니한 이적을 너희 전체 백성 앞에 행할 것이라.
네가 머무는 나라 백성이 다 여호와의 행하심을 보리니 내가 너
를 위하여 행할 일이 두려운 것임이니라"(출 34:9-10).

우리는 신명기에서 모세의 모든 기도에 대한 놀라운 요약을 보
게 된다. 모세가 전심으로 기도했던 것이 무엇인지, 그가 왜 40일

동안 밤낮으로 하나님 앞에 엎드려 기도했는지를 깨닫게 된다.

"그리고 내가 전과 같이 사십 주 사십 야를 여호와 앞에 엎드려서 떡도 먹지 아니하고 물도 마시지 아니하였으니 이는 너희가 여호와의 목전에 악을 행하여 그를 격노하게 하여 크게 죄를 지었음이라. 여호와께서 심히 분노하사 너희를 멸하려 하셨으므로 내가 두려워하였노라. 그러나 여호와께서 그때에도 내 말을 들으셨고 여호와께서 또 아론에게 진노하사 그를 멸하려 하셨으므로 내가 그때에도 아론을 위하여 기도하고 너희의 죄, 곧 너희가 만든 송아지를 가져다가 불살라 찧고 티끌같이 가늘게 갈아 그 가루를 산에서 흘러내리는 시내에 뿌렸느니라. 너희가 다베라와 맛사와 기브롯 핫다아와에서도 여호와를 격노하게 하였느니라. 여호와께서 너희를 가데스 바네아에서 떠나게 하실 때에 이르시기를 너희는 올라가서 내가 너희에게 준 땅을 차지하라 하시되 너희가 너희의 하나님 여호와의 명령을 거역하여 믿지 아니하고 그 말씀을 듣지 아니하였나니 내가 너희를 알던 날부터 너희가 항상 여호와를 거역하여 왔느니라. 그때에 여호와께서 너희를 멸하겠다 하셨으므로 내가 여전히 사십 주 사십 야를 여호와 앞에 엎드리고 여호와께 간구하여 이르되 주 여호와여 주께서 큰 위엄으로 속량하시고 강한 손으로 애굽에서 인도하여 내신 주의 백성 곧 주의 기업을 멸하지 마옵소서"(신 9:18-26).

또한 우리는 민수기에서 하나님의 진노의 불을 끄고, 메추라기를 공급받는 모세의 기도를 대하게 된다.

"백성이 모세에게 부르짖으므로 모세가 여호와께 기도하니 불이 꺼졌더라"(민 11:2). "모세가 여호와께 여짜오되 어찌하여 주께서 종을 괴롭게 하시나이까. 어찌하여 내게 주의 목전에서 은혜를 입게 아니하시고 이 모든 백성을 내게 맡기사 내가 그 짐을 지게 하시나이까. 이 모든 백성을 내가 배었나이까. 내가 그들을 낳았나이까. 어찌 주께서 내게 양육하는 아버지가 젖 먹는 아이를 품듯 그들을 품에 품고 주께서 그들의 열조에게 맹세하신 땅으로 가라 하시나이까. 이 모든 백성에게 줄 고기를 내가 어디서 얻으리이까. 그들이 나를 향하여 울며 이르되 우리에게 고기를 주어 먹게 하라 하온즉"(민 11:11-13). "바람이 여호와에게서 나와 바다에서부터 메추라기를 몰아 진영 곁 이쪽 저쪽 곧 진영 사방으로 각기 하룻길 되는 지면 위 두 규빗쯤에 내리게 한지라. 백성이 일어나 그날 종일 종야와 그 이튿날 종일토록 메추라기를 모으니 적게 모은 자도 열 호멜이라. 그들이 자기들을 위하여 진영 사면에 펴 두었더라"(민 11:31-32).

이처럼 모세는 다양한 상황 속에서 하나도 숨김없이 하나님께 아뢰고 답을 구했다. 때로는 강청으로, 때로는 순종하는 마음으로, 때로는 하나님의 심장을 울리는 그런 기도로 하나님께 다가가 하나님의 뜻을 구하고 응답을 받았다. 당신이 진정 모세처럼 하나님의 종으로서 하나님과 동행하는 삶을 살기 원한다면 기도의 중요성이 온 마음 가득 채워질 때까지 이 모든 구절을 묵상하기 바란다. 하나님의 뜻은 기도 응답 가운데 주어진다.

모세의 기도를 묵상하고 연구하라

우리는 모세의 삶을 연구해야 한다. 모세는 우리의 기도생활을 위해 살아 있는 모범이다. 우리는 그를 통해서 중보자가 되는 데 필요한 것이 무엇인지를 배우게 된다. 여기 모세의 삶으로부터 배울 수 있는 교훈들이 있다.

모세는 하나님께 바쳐진 사람이었다. 열심인 사람이었고 순종하는 사람이었다. 그뿐만 아니라 그는 하나님을 경외하며 하나님의 뜻을 따르는 데 있어 특별한 사람이었다. 그는 또한 그의 백성들에게 절대적으로 바쳐진 사람이었고 그 자신을 희생할 준비가 되어 있는 사람이었다. 그는 백성들을 구원해 낼 수 있는 사람이었다. 모세는 하늘의 하나님과 이 땅의 인간들 사이의 대화와 축복의 연결 통로인 중보자로서 행하라는 거룩한 부르심을 인식한 사람이었다. 그의 생애는 전적으로 이러한 중보자적 인식에 사로잡혀 있었기에 하나님이 그의 기도를 들으시기에 부족함이 없었다.

한 사람의 기도에 응답하심에 있어서 하나님은 그 사람에게 위임된 사람들을 구원하고 축복하신다. 그리고 기도 없이 일을 행하지 못하도록 하신다. 하나님의 전적인 통치는 그 계획을 이루는 구성요소의 하나로써 기도를 필요로 한다. 하늘나라는 생명과 능력, 그리고 이 땅에서 필요한 축복으로 가득 차 있다. 이 땅에서의 기도는 그 축복을 내려오게 하는 능력이 있다.

기도는 영적인 생명의 표시이다. 그리고 그 능력은 나와 하나님과의 관계와 내 존재를 하나님의 대표자로서 인식하는 정도에 달려 있다. 하나님은 내게 하나님의 사역을 위임하셨다. 하나님의 관심에 대한 내 헌신이 더욱더 단순하고 완전할수록 하나님은 내 기도를 온전히 들으신다. 모세의 삶 속에서 하나님은 그를 이 땅에 보내시고 그를 완전히 헌신하도록 하신 분으로 존재한다. 하나님은 모세와 더불어 약속하셨고 모세가 기도할 때마다 항상 그를 도와주신 바로 그런 하나님이셨다.

그렇다면 우리는 어떻게 모세와 같은 기도를 할 수 있을까? 먼저 우리는 모세와 같이 자신의 연약함을 반드시 인식해야 한다. 만약 우리가 모세와 같이 자신의 연약함을 인식하고, 그러한 훈련에 자신을 내드린다면 그때 은혜는 우리 속에 서서히, 그리고 확실히 임할 것이다. 그 훈련은 점진적으로 진행되나, 어떤 경우에는 즉시 이루어질 수도 있다. 그러나 우리가 하나님의 뜻이 아니라 자신의 의지를 행한다면 이러한 은사를 보장받을 수 없다.

우리는 이러한 삶에 자신을 내드리기 위해 올바른 태도를 보이도록 스스로 결정해야 한다. 지금 하나님의 축복이 당신을 통해 이 세상에 흘러넘치도록 전적으로 이러한 삶을 결단해야 한다. 거룩한 약속을 받아들이고 관심이 가는 어떤 특별한 대상에게 집중해야 한다. 분명 시간이 걸릴 것이다. 하지만 모세의 예를 통해 가르치고 있는 기본적인 진리를 확실하게 붙잡고 모세의 교훈을 배우고 적용하기 위한 훈련을 한다면, 우리 또한 모세처럼 하나님의 사명을 감당하는 기도자가 될 수 있다.

하나님은 이 세상 사람들에게 복을 주시려고 그 통로가 될 사람을 찾고 계신다. 그때 "제가 여기 있습니다. 당신의 부르심에 제 생애를 드리겠습니다"라고 확실하게 말하자. "하나님은 내 기도를 들으신다. 하나님은 내가 요구하는 것을 행하실 것이다"라는 단순한 진리 속에서 당신의 믿음을 성장시켜라. 당신이 하나님께 자신을 내드리는 것만큼 다른 사람들에게도 당신 자신을 완전하게 내주라. 멸망해가는 이 세상의 필요가 무엇인지 인지하도록 당신의 눈을 크게 떠라. 당신의 입장을 그리스도 안에서, 그리고 그분의 이름의 능력 안에서 집중하라. 그러면 하나님이 당신에게 생명과 성령을 주실 것이다.

당신은 모세처럼 하나님의 사람인가?

'하나님의 사람.' 이 이름의 의미가 얼마나 큰가! 모세는 하나님에게서 왔고 하나님에 의해 선택됐고 보냄 받은 사람이었다. 그는 하나님과 함께 걸었고 하나님과 함께 교제하는 삶을 살았으며, 그리고 하나님의 현존에 대한 징표를 나타냈다. 그는 하나님과 그분의 뜻을 위해 산 사람이었다. 그의 전 존재는 하나님의 영광으로 통치를 받았다. 그리고 그는 강제로 계속해서 사람이 하나님을 생각하도록 했다. 그의 마음속에서 하나님의 생명은 가장 중요한 것이었다. 그의 한 가지 열망은 하나님이 모든 사람의 마음속에서 최고의 위치를 갖는 것이었다.

세상은 이러한 하나님의 사람을 필요로 한다. 하나님은 자신으로 충만하게 채워진 사람을 찾고 계신다. 그리고 다른 사람들이 하나님을 아는 데 도움을 주기 위해 그들을 세상에 보내신다. 모세는 하나님의 말씀을 자연스럽게 사람들에게 전했던 하나님의 사람이었다. 하나님의 모든 종은 하나님의 살아 있는 증인이 되어야 한다. 그리고 사람들에게 하나님이 전부가 되게 이끌어야 한다.

앞에서 우리는 인간이 하나님과 교제한다고 했다. 이러한 교제는 우리 삶의 특권이다. 그런 의미에서 아침 경건의 시간은 우리 삶의 최고 우선순위가 되어야 한다. 사실 우리는 그 시간에 주로 우리의 개인적인 필요를 언급한다. 그리고 행복의 능력, 거룩한 삶이 어떻게 다른 사람들에게 영향을 끼칠 수 있는지를 언급한다. 하지만 모세와 같은 사람은 자신의 개인적인 필요 이상을 생각한다.

모세는 하나님과 너무 밀접하게 연결되어 있었기에 본능적으로 하나님의 사람으로서의 성격이 그의 주된 성격이 되었다. 이러한 성격은 우리가 공적인 생활에서 하나님을 나타내게 한다. 그리고 사람들에게 하나님을 연상시킬 정도로 강한 인상을 준다. 우리는 사람들이 우리를 보거나, 혹은 우리를 생각할 때 하나님의 사람이란 이름이 그 마음에 다가올 수 있도록 우리 삶을 하나님의 거룩한 현존으로 충만하게 채워야 한다.

바로 이러한 사람이 세상과 하나님이 똑같이 필요로 하는 존재이다. 왜일까? 그 이유는 세상 사람들이 죄로 말미암아 하나님과 멀어져 타락했기 때문이다. 하나님은 예수님 안에 있는 세상 사람들을 구원해 주셨다. 하나님은 이러한 하나님의 사람들을 통하지 않고는 그 안에서 역사하는 그분의 생명, 그분의 영, 그리고 그분의 능력을 사람들에게 보여주실 방법이 없다. 인간은 하나님을 위해 창조되었다. 하나님은 그 안에서 인간을 통해 일하시며 그분의 영광을 보여주신다. 하나님은 인간의 전부가 되신다.

하나님이 우리 안에 내주하시는 것은 너무나 자연스럽고 즐거운 일이다. 그리스도의 구속이 사람들의 마음속에서 성령의 강림으로 완성될 때 이러한 내주하심이 회복되고 하나님은 그의 나라에 대한 소유권을 되찾게 된다. 사람들은 그 안에서 역사하시는 능력으로뿐만 아니라 그 안에 내주하시는 하나님으로서 성령의 현존 앞에 그 자신을 완전히 내드릴 수 있다. 그때 우리는 말씀의 가장 깊은 의미 안에서 하나님의 사람이 될 수 있다.

"내가 아버지께 구하겠으니 그가 또 다른 보혜사를 너희에게 주사 영원토록 너희와 함께 있게 하리니. …그날에는 내가 아버지 안에 너희가 내 안에 내가 너희 안에 있는 것을 너희가 알리라.

…예수께서 대답하여 이르시되 사람이 나를 사랑하면 내 말을 지키리니 내 아버지께서 그를 사랑하실 것이요. 우리가 그에게 가서 거처를 그와 함께하리라"(요 14:16,20,23).

"그의 성령을 우리에게 주시므로 우리가 그 안에 거하고 그가 우리 안에 거하시는 줄을 아느니라. …하나님이 우리를 사랑하시는 사랑을 우리가 알고 믿었노니 하나님은 사랑이시라. 사랑 안에 거하는 자는 하나님 안에 거하고 하나님도 그의 안에 거하시느니라"(요일 4:13,16).

사도 바울은 성경의 능력을 통해 하나님의 사람이 완전하게 될 수 있다고 말한다. 이 말은 다른 의미에서 우리의 생명은 불완전해서 완전하게 될 필요가 있음을 제안하는 것이다.

"모든 성경은 하나님의 감동으로 된 것으로 교훈과 책망과 바르게 함과 의로 교육하기에 유익하니, 이는 하나님의 사람으로 온전하게 하며 모든 선한 일을 행할 능력을 갖추게 하려 함이라"(딤후 3:16-17).

사도 바울의 이 말은 아침에 깨어남을 개인적인 성경 공부를 위해 중요한 시간으로써 다시금 우리에게 제시하고 있다. 우리는 말씀 앞에 우리의 마음과 생명을 굴복시켜야 한다. 말씀의 가르침, 말씀의 책망, 말씀의 교훈은 우리의 전 생애를 탐구하며 온전하게 하기 때문이다. 이러한 방법으로 우리는 하나님의 직접적인 간섭 아래서 그분과 함께 충만한 교제로 들어갈 수 있다. 그리고 마침내 하나님의 사람으로서 모든 선한 일을 행하기에 완전하게 될 것이다.

그러므로 우리는 하나님의 사람이 되기를 추구해야 한다. 아침 경건의 시간에 하나님이 우리의 모든 것이 되어야 한다. 온종일 하나님이 우리의 전부가 되어야 한다. 그리고 우리의 삶을 하나님께 사람들을 데려오고 사람들에게 하나님을 모셔가는 한 가지 일에 헌신해야 한다. 그것이 하나님의 교회에서 우리의 열망이 되어야 하고 내가 있는 곳이 하나님이 임하시기에 합당한 장소가 되어야 한다.

또한 우리는 선지자 엘리야를 통해서 하나님 사람의 모습을 발견할 수 있다. "엘리야가 오십부장에게 대답하여 이르되 내가 만일 하나님의 사람이면 불이 하늘에서 내려와 너와 너의 오십 명을 사를지로다 하매 불이 곧 하늘에서 내려와 그와 그의 군사 오십 명을 살랐더라"(왕하 1:10). 엘리야가 말했을 때 진실하신 하나님은 불로 응답하셨다. 하나님의 진실한 사람들은 엘리야가 하늘의 하나님과 함께하는 능력을 갖추고 있었기에 불이 내려오도록 할 수 있었음을 안다. 그것이 심판의 불이었든 성령의 불이었든 간에 하나님 사람의 사역은 이 땅에 불이 내려오도록 했다. 이처럼 이 세상에서 필요한 것은 하나님의 능력을 알고 하나님과 함께하는 능력을 알고 있는 하나님의 사람이다.

우리는 매일의 비밀스러운 기도의 습관 속에서 우리의 하나님, 그분의 불, 그리고 그분과 함께하는 우리의 능력을 아는 것을 배워야 한다. 그러면 우리는 하나님의 사람이 되는 것이 무엇이며, 또한 무엇을 의미하는지를 알게 될 것이다. 우리는 모세에게서처럼 엘리야에게서도 하나님 사람의 존재가 다른 모든 관심으로부터 구별되어서 하나님의 존귀함에 대한 전적인 증명을 의미함을 보게 된다.

이러한 모든 것에는 우리가 이미 준비한 것보다 더한 노력과 희생, 어려움과 위험을 불러일으키는 고약한 요인이 있다. 그것은 우리가 하나님의 주장이 얼마나 절대적인지, 그것에 복종하는 것이 얼마나 큰 축복인지, 그리고 하나님이 우리 안에서 그것을 행하실 것이 얼마나 확실한지를 깨닫지 못하는 것이다.

지금 기도의 사람, 말씀의 사람 모세를 바라보자. 모세가 하나님의 사람이 되기 위해 얼마나 노력했는지 살펴보자. 우리는 하나님이 우리의 음성을 들으시는 것과 우리가 하나님의 음성을 듣는 것 사이의 조화가 엘리야의 생애에서도 똑같이 나타남을 보게 된다. 하나님의 사람이 되기 위해 거룩한 가능성을 보고 성경 속 하나님의 사람들이 사는 방식을 살펴보자. 즉 당신 자신의 삶에 이러한 것들을 어떻게 적용할 수 있는지 묵상하는 것이다. 매일 아침 당신의 골방에서 하나님과 대면하는 친밀한 교제를 통해서 말이다.

위의 것을 생각하고 땅의 것을 생각하지 말라. 이는 너희가 죽었고 너희 생명이 그리스도와 함께 하나님 안에 감추어졌음이라. 골로새서 3:2-3.

우리는 아침 경건의 시간에 하나님의 현존으로 들어갈 때 자신이 누구인지, 그리고 자신이 하나님과의 관계에서 어디에 서 있는지를 깨달아야 한다. 높고 영광스러운 보좌 앞으로 나아가 간구하고 말씀을 듣는 우리는 하나님 앞에서 자신이 그리스도 안에 살고 있다는 느낌이 들어야 한다. 그러기 위해서는 먼저 나 자신이 누구인지를 알아야 하고, 매일 아침 하나님과 하는 교제의 시간이 하나님을 경배하는 예배의 시간이 되어야 한다.

나는 누구인가?

나는 누구인가? 나를 만나 달라고 나와 함께 온종일 시간을 보내 달라고 하나님께 요구하러 나온 나는 누구인가? 나는 말씀과 성령 으로 말미암아 그리스도 안에 있는 내가 누구인지를 알고 있다. 그 리고 하나님 안에서 그리스도와 함께 숨겨져 있는 내 생명이 누구인 지를 알고 있다. 그리스도 안에서 나는 죄와 세상에 대해 죽었다. 지 금 나는 그 죄와 세상을 버렸고, 그것들로부터 분리되었으며, 그들 의 권세로부터 완전히 해방되었다. 나는 그리스도와 함께, 그리고 그 안에서 부활하였으며 하나님과 함께 살고 있다. 나의 생명은 하 나님 안에서 그리스도와 함께 숨겨져 있다. 나는 오늘날의 필요와 공급을 위해, 그분 안에서 모든 거룩한 생명을 주장하고 얻기 위해 하나님께 나아갈 수 있다.

그렇다. 이것이 바로 그리스도인인 나의 정체성이다. 나는 그것 을 겸손하고 거룩한 경외심으로 하나님께 이야기한다. 나는 나 자신 뿐만 아니라 다른 모든 사람을 격려하기 위해, 여기 이 세상에 숨겨 진 하늘의 거룩한 생명으로 사는 것을 추구할 수밖에 없음을 나 자 신에게 이야기한다. 나는 "그리스도는 내 생명이시다"라는 사실을 말하고 싶어 하는 사람이다.

내 영혼은 마음속의 아버지로 말미암아 그 자신을 계시하셨던 그리스도를 갈망하고 있다. 아무것도 나를 안전하게 해줄 수 있는 것은 없다. 내 생명은 그리스도와 함께 숨겨져 있다. 그분이 내 생명이 되시는 방법은 그분이 나의 마음속에 계시는 것밖에는 없다. 나는 단지 마음속에 그리스도만으로 만족할 수 있다. 그리스도는 나를 죄로부터 구원하신 구원자이시다. 하나님의 사랑의 도구이며 은혜이시다. 그리스도는 나의 친구와 주님으로 내주하고 계신다.

만약 하나님이 "너는 누구냐?"라고 물으신다면 나는 다음과 같이 대답할 것이다. "나는 그리스도 안에 살고 내 안에 그리스도께서 사십니다. 주님, 당신만이 홀로 나에게 참된 의미를 알게 하시고 모든 것이 되게 하실 수 있습니다."

나는 오늘날 이 땅에 그리스도의 생명으로 살기를 추구하는 사람으로서 왔다. 나는 세상에서 하나님의 뜻에 타협하지 않고 차원 높은 소명의 삶으로 모든 것을 정직하게 받아들이는 사람으로서 왔다. 그리스도께서 이 땅에서 오직 하나님의 뜻을 행하기 위해 사셨던 것처럼 하나님의 모든 뜻 안에서 완전하게 서 있는 것이 나의 가장 큰 열망이다. 이런 열망은 나를 기도의 골방으로 이끌어간다.

나는 하나님께 말씀드릴 수 있다. 나는 그리스도 안에 숨겨져 있는 생명을 주장하기 위해서 왔다. 그리고 나는 그리스도를 위해 살 수 있다. 나는 하나님이 나와 함께하실 것이며 나를 축복하실 것이라는 확신 없이는 그 어떤 것에도 만족할 수 없다.

이러한 위대하고 놀라운 하나님의 일들을 요구하는 나는 누구인가? 나는 하나님 안에 그리스도와 함께 숨겨진 생명으로 살기를 기대하고 그것이 나의 육체에서 나타나기를 기대할 수 있는가? 나는 할 수 있다. 하나님이 내 안에 거주하시는 성령으로 말미암아 그것을 내 안에서 행하실 것이기 때문이다. 죽음으로부터 그리스도를 부활하게 하시고 그분을 하나님의 보좌 우편에 앉히신 하나님은 나를 그분과 함께 부활하게 하시고 내 마음속에 아들의 영광의 영을 주셨다. 하나님의 모든 뜻을 알게 하시고 행하게 하시는 그리스도 안에 있는 생명은 성령으로 말미암아 내 안에서 점차 하나님의 생명을 유지하게 하고 일하게 하실 것이다.

나는 아침 경건의 시간에 하나님께 나아가서 숨겨진 생명이 실제로 살아남을 수 있도록 받아들이기 위해 하나님 앞에 나 자신을 나타낸다. 나는 성령이 내주하시는 존재로서 신성한 기름 부음과 모든 사물을 가르치시는 하나님을 위해 조용히 기다릴 수 있다. 나는 그분이 내게 주신 새로운 날을 위해 그분을 잠잠히 기다릴 수 있다.

우리의 삶은 하나님은 누구이시며 그리스도 안에서 하나님의 구속하심을 받은 자로서 내가 누구인지를 아는 데 달려 있다. 그리스도인으로서 매일 우리의 발걸음은 이러한 지식에 달려 있다. 우리가 그 비밀을 배우게 될 때, 심지어 우리가 그러한 생각을 하지 않을 때조차도 그것은 하나님 앞에 들어갈 때와 그분과 함께 세상으로 나올 때 우리의 마음을 강건하게 해줄 것이다.

당신의 묵상이 예배가 되게 하라

교육, 연구, 그리고 읽기의 참된 목적은 우리가 배운 것을 실제로 훈련하는 데 집중하게 될 때 우리 안으로 들어오는 것이 아니라 우리 자신으로부터 나타나는 것이다. 이것은 우리의 성경 연구에도 똑같이 적용된다. 하나님의 말씀은 우리 안에 임한 진리가 내면적인 삶을 흔들고 신뢰, 사랑, 혹은 경배 가운데서 그 자체를 재생할 때만 역사한다.

마음이 말씀을 지성으로 받아들일 때, 그리고 그것의 영적인 능력이 실행될 때 그 말씀은 참된 의미가 있다. 즉 하나님이 하시려고 의도하는 것이 우리 삶에 이루어지는 것이다. 그것은 우리 삶의 일부분이 되어 우리를 새로운 목적과 노력으로 강하게 할 것이다.

묵상은 마음에 말씀을 품고 적용하는 것이다. 우리의 이해력이 진리의 모든 의미를 붙잡고 반영하는 것처럼 마음은 묵상 가운데서 말씀을 흡수하고 진리를 자기 삶의 일부분으로 만든다. 우리의 마음에는 의지와 감정이 있다. 마음의 묵상은 열망, 수용, 복종, 그리고 사랑을 포함한다. 마음으로부터 생명의 문제가 비롯된다. 마음의 묵상은 삶을 완성하고 주관하도록 말씀을 받아들인다. 지성은 우리가 먹게 될 양식을 모으고 준비한다. 우리는 묵상하는 중에 그것을 취해 먹게 된다.

묵상의 기술은 연마되어야 할 필요가 있다. 마치 우리가 분명하게 생각하기 위해 정신집중 훈련을 하듯이 그리스도인도 하나님의 모든 말씀에 온 마음을 다해 복종하는 습관이 형성될 때까지 묵상이 필요하다.

그렇다면 이러한 묵상의 기술은 어떻게 연마될 수 있을까? 먼저 우리는 하나님 앞에 우리 자신을 드러내는 일을 해야만 한다. 바로 하나님의 말씀 앞에 드러내야 한다. 말씀은 하나님을 떠나서는 축복의 능력이 없다. 말씀은 우리에게 하나님의 현존과 교제를 가져다준다. 그렇기에 우리는 하나님의 현존을 연습해야 한다. 하나님이 우리의 마음속에서 역사하실 것이라는 확신을 하고 말씀을 하나님으로부터 취해야 한다.

시편 119편에는 이러한 말씀 묵상이 여러 번 언급되었다.

"내가 주의 법도들을 작은 소리로 읊조리며 주의 길들에 주의하며"(시 119:15).

"진리의 말씀이 내 입에서 조금도 떠나지 말게 하소서. 내가 주의 규례를 바랐음이니이다"(시 119:43).

"주의 종에게 하신 말씀을 기억하소서. 주께서 내게 소망을 가지게 하셨나이다. 이 말씀은 나의 고난 중의 위로라. 주의 말씀이 나를 살리셨기 때문이니이다"(시 119:49-50).

"내가 주의 법을 어찌 그리 사랑하는지요. 내가 그것을 종일 작은 소리로 읊조리나이다"(시 119:97).

"주의 말씀의 맛이 내게 어찌 그리 단지요. 내 입에 꿀보다 더 다니이다"(시 119:103).

"주의 인자하심을 따라 내 소리를 들으소서. 여호와여 주의 규례들을 따라 나를 살리소서"(시 119:148).

"여호와여 나의 부르짖음이 주의 앞에 이르게 하시고 주의 말씀대로 나를 깨닫게 하소서"(시 119:169).

묵상은 하나님을 향한 우리 마음의 방향을 바꾸는 것이다. 하나님의 말씀을 우리 삶의 일부분으로 만드는 것이다.

참된 묵상 기술의 또 다른 연마 요소는 조용하게 곰곰이 생각하는 것이다. 성경의 가르침에 도달하기를 원한다면 우리의 지성은 종종 대단한 노력을 해야 한다. 우리는 묵상으로 이전과는 다른 접근을 해야 한다. 우리는 성령으로 말미암아 말씀의 의미와 능력이 우리의 내면적인 삶에서 드러나게 되기를 깊이 있게 연구해야 한다.

"중심이 진실함을 원하시오니 내게 지혜를 은밀히 가르치시리이다"(시 51:6).

이러한 묵상 중에 개인적인 적용이 두드러지게 일어난다. 묵상은 지성적인 성경 연구가 아니다. 지성의 목적은 알고 이해하기 위한 것이다. 그러나 묵상의 중요한 목적은 적용하고 경험하기 위한 것이다.

성경 공부의 참된 영성은 기꺼이 모든 약속을 무조건 믿는 것이다. 그리고 모든 명령에 주저하지 않고 복종하는 것이다. 조용한 묵상 가운데서 믿음이 실행되고 하나님의 모든 뜻에 대한 완전한 복종이 일어난다. 그리고 그 은혜의 확신은 말씀을 행함으로써 나타난다.

묵상은 기도를 끌어내야 한다. 묵상은 기도에 대한 문제를 증명한다. 묵상은 기도하도록 요구한다. 그리고 말씀 안에서 본 것, 혹은 말씀 안에서 깨달은 것을 명확하게 받아들이도록 한다. 묵상의 가치는 말씀이 우리에게 계시한 요구에 대해 기도하도록 우리의 마음을 준비시키는 것이다. 말씀은 이처럼 그것을 온유하게 인내하며 기다리는 사람들의 영혼 속에서 그 능력이 열릴 것이며 증명될 것이다.

우리는 지성적 노력 대신 거룩한 묵상의 습관을 연마해야 한다. 그 시간에 두 가지 일이 조화를 이루게 해야 한다. 하나님을 조용하게 기다리고 마음과 생활을 말씀에 굴복시킴으로써 진리가 밝혀질 것이다.

우리는 온종일 하나님과 교제해야 한다. 아침 시간에 갖는 참된 묵상의 습관은 우리를 시편 1편에 나오는 복 있는 사람과보다 더 가깝게 만들 것이다. 모든 그리스도인 사역자는 다른 사람들보다 이러한 묵상의 시간이 더욱 필요하다는 것을 인식해야 한다. 그것은 그들의 유일한 힘과 축복의 근원이 되어 하나님과의 계속된 친밀한 교제를 지켜줄 것이다. 하나님은 말씀하셨다.

"너의 평생에 너를 능히 대적할 자가 없으리니 내가 모세와 함께 있었던 것 같이 너와 함께 있을 것임이니라. 내가 너를 떠나지 아니하며 버리지 아니하리니 강하고 담대하라. 너는 내가 그들의 조상에게 맹세하여 그들에게 주리라 한 땅을 이 백성에게 차지하게 하리라. 오직 강하고 극히 담대하여 나의 종 모세가 네게 명령한 그 율법을 다 지켜 행하고 우로나 좌로나 치우치지 말라. 그리하면 어디로 가든지 형통하리니 이 율법책을 네 입에서 떠나지 말게 하며 주야로 그것을 묵상하여 그 안에 기록한 대로 다 지켜 행하라. 그리하면 네 길이 평탄하게 될 것이며 네가 형통하리라. 내가 네게 명령한 것이 아니냐. 강하고 담대하라. 두려워하지 말며 놀라지 말라. 네가 어디로 가든지 네 하나님 여호와가 너와 함께 하느니라 하시니라"(수 1:5-9).

그러므로 우리의 묵상이 하나님의 뜻 안에서 열납되는 것이 우리의 목적이 되어야 한다. 우리의 묵상이 우리의 기도와 기대가 되어야 한다. 우리의 묵상이 참된 예배가 되어야 한다. 하나님의 현존 안에서 그분의 말씀에 온전한 순종이 되어야 한다.

마음이 말씀을 지성으로 받아들일 때,

그리고 그것의 영적인 능력이 실행될 때

그 말씀은 참된 의미가 있다.

즉 하나님이 행하려고 의도하신 것이

우리 삶에 이루어지게 된다.

예수님과 동행하는
기쁨의 영성

그때에 예수께서 대답하여 이르시되 천지의 주재이신 아버지여 이 것을 지혜롭고 슬기 있는 자들에게는 숨기시고 어린아이들에게는 나타내심을 감사하나이다. 마태복음 11:25.

지혜롭고 슬기로운 사람들은 그들의 현명한 이성적인 능력으로 영적인 지식을 추구하는 사람들을 도와준다. 반면 어린아이들은 이성이나 능력이 아니라 주로 마음과 감정으로 움직인다. 무지함, 무능함, 의존함, 온유함, 가르칠 수 있는 것, 신뢰함, 그리고 사랑 등은 사람들이 추구해야 할 감정으로 하나님이 가르쳐주신 하나님의 속성들이다.

"온유한 자를 정의로 지도하심이여. 온유한 자에게 그의 도를 가르치시리로다"(시 25:9).

"여호와를 경외하는 자 누구냐. 그가 택할 길을 그에게 가르치시리로다"(시 25:12).

"여호와의 친밀하심이 그를 경외하는 자들에게 있음이여. 그의 언약을 그들에게 보이시리로다"(시 25:14).

"내 마음의 근심이 많사오니 나를 고난에서 끌어내소서. 나의 곤고와 환난을 보시고 내 모든 죄를 사하소서"(시 25:17-18).

"내 영혼을 지켜 나를 구원하소서. 내가 주께 피하오니 수치를 당하지 않게 하소서"(시 25:20).

우리의 헌신 중 가장 중요한 부분은 하나님의 말씀을 연구하는 것이다. 이때 성령으로 그 말씀을 받아들이기 위해, 하나님의 비밀스러운 사랑을 전달받기 위해 우리는 어린아이와 같은 태도로 아버지의 사랑을 소유하고 있어야 한다. 반대로 지혜롭고 슬기로운 자들의 가장 큰 장점은 이성적인 지식이다. 그러나 하나님은 그들에게 그들이 생각하고 이해하는 바로 그 일들의 참된 영적 의미를 숨기신다. 그렇기에 어린아이와 같은 사람들에게 중요한 것은 지성도 아니고 지식도 아니다. 그들에게 중요한 것은 마음과 감정이다. 그들은 겸손함, 사랑, 믿음 등을 가졌기에 하나님은 그들이 이성으로 이해할 수 없는 것들을 깨닫게 하신다.

어린아이에게 계시하시는 하나님

주일학교 교사가 학생들을 가르치는 스타일에는 두 가지가 있다. 보통 교사의 주된 목적은 지식을 전달하는 일이다. 교사는 이러한 목적을 달성하기 위해 학생의 능력을 배양하는 데 노력한다. 그러나 참된 교사는 지식의 양을 이차적인 일로 여긴다. 그는 교육의 첫 번째 목적으로 학생의 마음과 영성의 능력을 계발하는 데 둔다. 그는 학생들이 지식의 추구와 적용에 있어 자신의 능력을 바르게 사용할 수 있도록 정신적, 도덕적으로 도와준다.

같은 맥락에서 설교자도 두 부류가 있다. 어떤 설교자는 교훈과 논쟁을 쉴 새 없이 이야기한다. 그는 자신이 제시한 것을 들은 성도들이 최대한 사용하도록 호소한다. 그러나 진실한 설교자는 마음의 상태에 얼마나 의존해야 하는지를 알고 있다. 심지어 그는 예수님이 하셨던 것처럼 실제적인 진리에 대한 가르침을 추구한다. 사실 그러한 가르침 없이 성도들의 태도를 연마하기 위한 이차적인 교리는 아무런 가치가 없다.

수많은 웅변적인 설교는 지혜롭고 슬기로운 그리스도인들이 듣고 이해할 수 있도록 준비된다. 그들이 듣게 될 설교는 그들을 다소 유익하게 할 것이다. 그러나 만약 어떤 설교가 자신의 영적 무지함을 인정하는 청중에게 선포된다면 청중은 어린아이 같은 심령으로 진리를 받아들일 것이다. 그들은 하나님의 가르침을 기다릴 것이며 하나님께 의존할 것이다.

우리의 비밀스러운 기도의 골방에는 교사가 계신다. 우리는 어린아이같이 단순하게 가르치는 영과 더불어 우리 자신을 훈련해야한다. 우리는 성령으로 말미암아 거룩한 진리에 대한 개인적인 계시가 있어야만 한다는 사실을 기억해야 한다. 우리는 내면의 삶에 숨겨진 신비로 그 능력을 계시하실 하나님을 기다려야 한다. 이러한태도를 보인 우리는 어린아이 같은 심령을 연습해야 한다. 그리고연약한 어린아이처럼 하나님의 나라를 받아들여야 한다.

복음적인 모든 그리스도인은 중생을 믿는다. 그러나 사람들은그리스도인의 중요한 성품이 하나님을 의존하는 어린아이같이 되어하나님에게서 다시 태어났을 때 그것을 진실로 믿게 된다. 이것은무엇보다도 예수님이 주장하셨던 것이다. 예수님은 "가난한 심령,온유한 심령, 굶주린 심령이 복이 있다"고 선언하셨다. 예수님은 온유하고 겸손한 마음을 배우게 하려고 사람들을 부르셨다. 예수님은자주 자신의 겸손함을 말씀하셨다. 그리고 스스로 어린아이같이 되었다고 말씀하셨다. 하나님의 자녀가 되고 예수님을 닮은 존재가 되었다는 첫 번째 징표는 어린아이처럼 하나님을 절대적으로 의존하는 것이다.

각자 자신에게 질문해보자. "나는 어린아이와 같은 심령으로 성경 공부에 임한 적이 있는가?" 어린아이와 같은 심령 없이 어떻게성경을 연구하겠는가? 이것은 하나님의 학교로 들어가는 진정한 열쇠이다. 우리는 이러한 태도에 도달하기 위해 모든 것을 제거해야만 한다. 오직 그때 하나님이 그분의 숨겨진 지혜를 계시하실 것이다.

우리가 하나님의 자녀가 됨으로써 새로운 출생, 즉 하나님 안에서 거듭남은 우리를 어린아이로 만드는 경향이 있다. 거듭남은 우리에게 어린아이와 같은 가르침뿐만 아니라 어린아이와 같은 마음도 준다. 이것은 성경 공부에 있어 절대적인 우선순위를 차지한다.

우리는 성령의 인도하심을 받기 위해 우리 안에 있는 새 생명에 우리 자신을 복종시켜야 한다. 그때 성령은 우리 안에 어린아이와 같은 심령을 불어넣으실 것이다. 성경 공부의 첫 번째 목적은 숨겨진 하나님의 지혜를 배우는 데 있다. 이러한 지혜를 얻기 위한 첫 번째 조건은 하나님이 우리에게 이것을 계시하신다는 사실을 받아들이는 것이다.

하나님의 계시를 받아들이기 위해 우리는 먼저 어린아이와 같은 마음을 소유해야 한다. 현명한 숙련공이 작업에 앞서 하는 일은 자신이 그 작업에 적합한 도구를 가지고 있는지, 그 도구들이 적절한 순서로 배열되어 있는지를 점검한다. 그러면서 작업 중 하던 일을 멈추고 도구를 손질하는 것을 시간 낭비라고 생각하지 않는다.

마찬가지로 우리는 성경 공부에 있어 온유하고 어린아이와 같은 마음으로 아버지의 계시를 기다리는 동안 우리가 올바른 위치에 있는지를 점검하는 시간을 낭비라고 여겨서는 안 된다. 만약 당신이 어린아이와 같은 마음으로 성경을 읽고 있지 않다면 지혜롭고 슬기로운 자가 소유한 자기 확신의 심령을 즉시 버리고 어린아이와 같은 심령을 달라고 기도해야 한다. 그때 우리는 그것을 소유할 수 있다. 비록 그것이 무시되어지고 억압된다고 하더라도 그것은 우리 안에 있다. 우리는 하나님의 자녀로서 참된 경험을 위해 그것을 즉시 사용할 수 있다.

이제 어린아이와 같은 심령은 성령에게서 태어난 새 생명 안에 있는 씨앗처럼 우리 안에 있다. 그것은 성령의 내주하시는 출생으로써 우리 안에서 솟아나고 성장해야 한다. 믿음으로 말미암아 우리는 성령의 은혜를 위해 기도해야 한다. 그리고 그것을 실행해야 한다. 하나님 앞에 서 있는 어린아이처럼 생활하고 새로 태어난 갓난아이처럼 말씀의 젖을 열망해야 한다. 우리는 참된 성경 공부를 할 때만이 이러한 마음의 상태를 취할 수 있다. 그리고 그것은 우리 마음의 계속된 습관, 계속된 상태가 되어야 한다. 그때 우리는 성령의 변함없는 인도하심을 누릴 수 있다.

어린아이처럼 온유한 마음을 본받아라

모든 성경 공부는 배우는 것이다. 열매 맺기 위한 모든 성경 공부는 예수님을 배우는 과정이다. 성경책은 교과서이며 예수님은 교사이시다. 이는 예수님이 깨닫게 하시고 마음을 여시고 인봉을 떼기에 합당한 분이라는 의미이다.

> "이에 그들의 마음을 열어 성경을 깨닫게 하시고"(눅 24:45).
> "두아디라 시에 있는 자색 옷감 장사로서 하나님을 섬기는 루디
> 아라 하는 한 여자가 말을 듣고 있을 때 주께서 그 마음을 열어
> 바울의 말을 따르게 하신지라"(행 16:14).
> "그들이 새 노래를 불러 이르되 두루마리를 가지시고 그 인봉을
> 떼기에 합당하시도다. 일찍이 죽임을 당하사 각 족속과 방언과
> 백성과 나라 가운데에서 사람들을 피로 사서 하나님께 드리시
> 고"(계 5:9).

예수님은 기록된 말씀이 인간적인 표현을 입은 살아 있는 영원
한 말씀이시다. 예수님의 현존과 가르침은 모든 성경 공부의 비밀이
다. 기록된 말씀은 우리에게 살아 있는 말씀으로 다가오기 전까지는
무능력하다.

어느 사람도 예수님이 구약을 존중하지 않은 것 때문에 그분을
책망하지 않는다. 오히려 주님은 자신의 삶 속에서 말씀이 하나님의
입으로부터 나왔기 때문에 그것을 사랑함을 증명해 보이셨다. 예수
님은 항상 하나님의 계시와 자신의 증인으로서 유대인들을 지적하
셨다. 특히 그중에서도 제자들과 더불어 그들에게 가장 필요한 것과
복종해야 하는 것을 가르침으로써 얼마나 자주 선포하셨는지 주목

해야 한다.

유대인들은 말씀에 대한 그들 나름대로 만들어 놓은 해석을 가지고 있었다. 그것은 그들 자신과 말씀을 선포하신 그분 사이에 가장 큰 걸림돌이 되었다. 오늘날 그리스도인들도 종종 이처럼 행한다. 교회의 권위와 종파에 의해 강화된 성경에 대한 우리의 인간적인 이해는 예수님의 가르침에 가장 큰 걸림돌이 된다. 그렇기에 우리는 살아 있는 말씀인 예수님이 먼저 우리의 유일한 교사가 되게하려고 우리의 마음과 삶 속에서 예수님께 보좌를 내드려야 한다. 그때 비로소 우리는 예수님으로부터 성경의 진정한 엄위함과 이해력을 배우게 된다.

살아계신 우리 주님은 하늘로부터 이 세상에 오셔서 내면적인 삶의 비밀을 우리에게 알려주셨다. 예수님이 우리에게 알려주신 비밀과 예수님이 자신에게서 배우기 원하시는 비밀은 "나는 마음이 온유하고 겸손하니 내게 배우라"고 하신 말씀에서 발견할 수 있다. 그것은 예수님이 하나님의 어린양, 우리의 고난 당하는 구속자, 우리의 신령한 교사, 그리고 지도자가 되게 하는 중대한 미덕이었다. 온유함은 우리가 주님으로부터 배우기를 요구하시는 유일한 태도이다. 이것으로부터 모든 믿음이 시작된다.

온유함은 참된 그리스도인의 모든 삶을 위해 우리가 진정으로 예수님께 배워야 할 유일한 마음 상태이다. 예수님은 마음이 온유하고 겸손하신 교사로서 우리가 예수님을 닮기 원하신다. 그것이 곧 구원이기 때문이다. 우리는 배우는 자로서 마음이 온유하고 겸손하신 예수님 앞으로 나아가야 한다. 예수님 안에서 공부해야 하고 믿어야 한다. 또한 우리는 예수님에게서 어떻게 온유하고 겸손해질 수 있는지를 배우고자 노력해야 한다.

그렇다면 왜 이것이 첫 번째가 되어야 하고 가장 중요한 요구 조건이 되어야 하는가? 하나님과 믿는 자의 진실한 관계의 뿌리가 온유함에 놓여 있기 때문이다. 하나님 한 분만이 생명이시다. 그리고 선함과 행복이시다. 예수님은 하나님의 사랑 때문에 이러한 속성들을 우리에게 주시는 것을 기뻐하신다. 예수님은 우리에게 어떻게 하나님을 완전히 의지하며 살 수 있는지를 보여주시기 위해 인자가 되셨다. 이것은 마음이 겸손하신 그 존재 자체를 의미하는 것이다.

천사들은 하나님 앞에서 그들의 얼굴을 가리고 그들의 면류관을 버렸다. 하나님은 그들에게 모든 것이었다. 그들은 모든 것을 받는 것을 기뻐했고 모든 것을 드리는 것을 기뻐했다. 이것이 바로 참된 그리스도인의 삶의 뿌리이다. 하나님과 사람 앞에서 스스로 아무것도 되지 않는 것, 오직 하나님 한 분만을 기다리는 것, 그분만을 기뻐하고 그분만을 닮아가는 것, 마음이 온유하고 겸손하신 예수님께 배우는 것, 이것이 바로 성경의 참된 지식에 대한 열쇠이며, 또한 예수님의 가르침에 대한 유일한 열쇠이다. 그 온유하신 성품으로 예수님은 우리를 가르치시기 위해 이 땅에 오셨다. 그러므로 온유함만이 우리가 예수님을 배우게 할 수 있다.

그런데 오늘날 우리에게는 온유함과 겸손함이 부족하다. 이러한 부족함이 교회를 쓸모없는 곳으로 만들고 열매 맺지 못하게 만드는 쓴 뿌리가 된다. 하나님께서 우리를 위해 하신 것을 예수님이 성령으로 가르치실 수 있는 때는 오직 우리가 온유하고 겸손한 마음을 가질 때이다.

우리 각자는 온유함을 제자도의 첫 관문처럼, 예수님이 우리에게 가르치실 첫 번째 교훈처럼 여겨야 한다. 무엇보다 우리는 모든 성경 공부를 예수님에 대한 배움의 시간, 온유하고 겸손한 예수님을 신뢰하는 시간, 그리고 우리 영이 예수님을 닮아가는 시간이 되게 해야 한다. 그러면 머지않아 우리의 아침 경건의 시간은 매일의 교제와 축복의 장이 될 것이다.

내 안에 거하라. 나도 너희 안에 거하리라. 가지가 포도나무에 붙어 있지 아니하면 스스로 열매를 맺을 수 없음 같이 너희도 내 안에 있지 아니하면 그러하리라. 요한복음 15:4.

어떤 마음이 말이나 행동 속에서 자연적으로, 혹은 역사 속에서 지식을 얻게 되었을 때 그 마음은 그 지식 속에 숨겨진 내면적 의미를 추구할 준비가 되어 있다는 것이다. 이것은 성경이 예수 그리스도에 대해 가르치고 있는 진리이다. 우리와 함께하신, 우리보다 먼저 계신, 우리 위에 계신 인간이신 예수님은 여기 이 땅에서 우리를 위해 일하고 계시며 하늘에서도 계속해서 우리를 위해 일하고 계신다. 많은 그리스도인은 외적으로 찬양받으실 주님 너머로 결코 나아가지 못하고 있다. 그들은 내주하시는 구세주로서 우리 안에 있는 예수님의 참된 신비의 능력, 예수님의 내적인 현존을 거의 알지 못하고 누리지 못하고 있다. 그러므로 그들은 예수님 안에서 예수님이 이미 이루어 놓으신 일과 그들을 위해 그들 안에서 일하고 계시는 것을 온전히 신뢰해야 한다.

형식적이고 단순한 견해는 처음 세 복음서인 마태, 마가, 누가복음의 것이다. 더욱 진보된 견해는 요한복음 안에서 발견된다. 요한복음과 에베소서, 골로새서에 기록된 것처럼 믿는 자와 그리스도와의 연합과 그분의 계속된 거하심에 대한 가르침이다.

예수님 안으로 들어가라

우리가 예수님 안에 거하는 것과 우리 안에 예수님이 거하시는 것은 복음적인 틀 안에서 우리가 붙잡고 있는 진리보다 더 우선적인 일이 되어야 한다. 그것은 예수님 안에서 우리의 믿음과 하나님과의 관계에 영감을 주는 체험의 문제이기 때문이다. 예수님 안에 거한다는 것은 지적인 믿음의 문제가 아니라 영적인 실제의 문제이다. 그것을 위해 예수님이 누구시며 무엇을 하셨는지, 그리고 그분의 성격과 사역에 계시된 것이 무엇인지 생각해봐야 한다.

첫째, 예수님은 성육신하신 분이다. 우리는 그분 안에서 완전한 거룩함과 인간의 성격이 연합된 하나님의 전능하심을 본다. 그분 안에 사는 우리는 그 거룩한 성품과 영원한 생명에 동참해야 한다.

둘째, 예수님은 하나님께 그분의 살아 있는 생명을 바치기까지 완전한 복종과 완벽한 의존을 하신 분이다. 우리의 생명이 그분 안에 살아 있다고 하는 것은 우리가 하나님의 뜻에 완전히 순종하는 사람이 되는 것이다. 그리고 그분의 인도하심을 계속해서 기다리는 사람이 되는 것이다.

셋째, 예수님은 죄를 없애기 위해 십자가에 죽으신 분이다. 그분 안에 사는 우리는 그 죄의 저주와 지배로부터 자유로워졌다는 것이다. 우리는 세상과 우리 자신의 의지에 대해 죽으신 그분처럼 살아야 한다.

넷째, 예수님은 영원히 사실 부활하신 분이다. 그분 안에 사는 우리는 그분의 부활 능력을 나누고 죄와 죽음으로부터 승리한 생명인 새 생명 안에서 걸어야 한다.

다섯째, 예수님은 하나님 보좌 우편에 앉으셔서 인간을 구원하기 위한 그분의 사역을 수행하고 계신 존귀하신 분이다. 예수님 안에 산다고 하는 것은 우리가 그분의 사랑을 소유하는 것이며, 이 세상에서 하나님께로 되돌아가는 것에 익숙해지기 위해 우리 자신을 그분께 드리는 것이다.

예수님 안에 그분과 함께 거한다는 것은 우리의 영혼이 하나님에 의해 이러한 놀라운 환경 가운데 예수님의 생명으로 놓임을 의미한다. 그때 우리는 순종과 희생으로 하나님께 열중한다. 그리고 부활의 생명과 영광으로 하나님과 함께 가득 채워진다. 그럼으로써 예수 그리스도의 성품과 인격, 태도와 감정, 능력과 영광은 우리 삶의 중요한 요소가 되며, 우리가 호흡하는 공기가 되며, 우리의 생명이 존재하고 성장하게 하는 생명이 된다.

하나님의 충만하신 계시와 구원하시는 사랑은 예수님이 우리 안에 내주하시는 것 외에는 다른 방법으로는 올 수가 없다. 그리스도의 신성하심과 거룩하신 능력에 의해 예수님은 우리가 그분 안에 거주하는 것처럼 우리 안에 거주하실 수 있다. 믿음으로 우리 마음을 그분께 내드리고 우리의 의지를 실제로 순종시키기 위해서는 그분이 우리 안에 오셔서 거주하셔야 한다.

만약 실제로 우리 안에 예수님이 사시고 예수님 안에 우리가 살고 있다면 그때 우리는 아침 경건의 시간에 하나님과 개인적인 관계에서 새롭게 되며 더 강건해질 것이다. 하나님께 대한 우리의 접근, 하나님께 대한 우리의 희생, 하나님께 대한 우리의 기대는 예수님 안에서 그분과 함께하는 살아 있는 교제에서 모든 것이 되어야 한다. 만약 당신이 하나님께로 더욱더 가까이 나아가서 그분의 현존, 그분의 충만한 능력을 원한다면 반드시 예수님 안에서 하나님께 나아가야 한다. 이 땅에 인간으로 오신 예수님이 어떻게 깊은 겸손함과 신뢰함으로, 완전한 복종과 전적인 순종으로 아버지께 다가가셨는지 생각해보라. 우리도 그분의 영과 성품을 가지고 예수님과 연합함으로 나아가야 한다.

그러므로 우리는 예수님이 하늘에서 취하신 구속의 완성, 완전한 승리, 하나님의 영광으로 충만한 입성을 하나님 앞에서 취하기를 추구해야 한다. 예수님께서 이 땅에서 승리와 영광으로 가는 도중에 취하신 일을 우리도 하나님 바로 앞에서 취해야 한다. 그리고 우리 안에 거하시는 성령의 능력을 이 땅에서 믿음으로 행해야 한다. 하나님을 받아들이기 위한 우리의 접근을 우리의 능력에 따라서가 아니라 예수님 안에서 우리의 순종과 받아들임에 따라서 기대해야 한다. 그때 우리는 예수님 안에 있는 길로 인도함을 받을 것이다. 그때 우리 안에 살아서 말씀하는 것이 참 진리와 능력이 될 것이다.

거하기 위해서는 알아야 한다

학생의 첫 번째 미덕은 기꺼이 배우고자 하는 것이다. 이것은 무엇을 의미하는가? 학생은 자신의 무지함을 알아야 하며 자기 생각과 행동을 포기할 준비가 되어 있어야 한다. 학생은 선생의 관점에서 사물을 바라보아야 하며, 선생이 알고 있는 것과 그것을 배우는 방법을 자신에게 보여줄 것을 확신해야 한다. 마음이 온유하고 겸손한 자는 그 선생의 뜻이 무엇인지, 그리고 그것을 어떻게 실행에 옮겨야 하는지를 알기 위해 주의 깊게 듣는다. 학생이 열심히 배우지 않으면 아는 것은 불가능하다.

우리는 다음과 같은 질문들을 생각해 보아야 한다. "왜 예수님이 우리의 교사로서 함께하시는데 영적인 지식 안에서 그렇게 많은 실패를 겪고 진정한 성장이 거의 없는 것인가? 우리의 유일한 생활규칙처럼 성경을 그렇게 많이 듣고 읽는데, 그리고 그 안에서 그렇게 많은 신앙고백을 하는데 왜 아직도 그러한 심령과 그러한 능력이 이토록 부족한 것인가? 기도의 골방과 성경 공부에서 그렇게 많은 정직함과 열심으로 적용하는데 왜 하나님의 말씀을 거의 누리지도 못하고 강건함도 얻지 못하고 있는 것인가?"

이러한 질문은 매우 중요하다. 하나님의 뜻을 정직하게 알고 행하려는 열정 있는 예수님의 제자는 많다. 그런데도 위의 질문에 대한 고백처럼 자신이 세상의 빛으로서 생명의 말씀을 제시하지 못하는 데는 무엇인가 잘못된 부분이 있는 것이다. 하지만 이러한 질문에 대한 대답을 찾는다면 그들의 삶은 분명 달라질 것이다.

우리는 예수 그리스도를 구세주로는 알고 있지만 교사로서는 알지 못하고 있다. 우리는 자신의 양을 위해 목숨까지 줄 수 있는 선한 목자로서 예수님을 신뢰하고 있다. 그러나 우리는 매일 양 무리를 치시고 모든 양의 이름을 부르시는 예수님의 음성을 듣고 그분을 따를 준비가 되어 있지 않다는 사실을 모르고 있다. 우리는 그분을 따르는 것에 대해, 혹은 그분으로부터 어린양의 속성을 받아들이는 것에 대해 거의 알지 못하고 있다. 우리는 좀처럼 마음이 온유하고 겸손한 예수님을 좋아하려고 노력하지 않는다.

예수님의 제자들이 성령의 세례를 준비하고 예수님이 그들에게 주신 모든 놀라운 약속을 성취할 수 있었던 것은 그들이 3년 동안 그분의 학교에서 배웠기 때문이다. 마찬가지로 우리가 매일 예수님의 가르침을 기다리고 받아들이고 따를 때 비로소 우리의 영혼은 진정으로 쉼을 얻을 수 있다. 피곤함, 긴장, 실패와 절망의 무거운 짐들이 우리가 예수님에 의해 보호받고 있는 존재라는 사실을 앎으로써 거룩한 평화로 바뀌게 되는 것이다.

그러므로 우리는 자신의 지혜를 의지하거나, 혹은 지혜대로 행하려는 것을 거부하도록 가르치는 영이 매일 우리의 전 생애를 주관하는 영이 되게 해야 한다. 아침 경건의 시간에 이러한 영이 연마되어야 하며 자아로부터 해방이 성취되어야 한다. 우리는 매일의 말씀이 예수님의 개인적인 가르침에 의해 열릴 때만이 진정한 가치가 있다는 사실을 깨달아야 한다. 우리는 살아계신 주 예수께 가까이 나아가 학생의 책임을 다함으로써 그것을 경험해야 한다. 우리는 그분의 가르침을 충분히 받아들일 수 있다. 그렇기에 우리는 아침 경건의 시간 동안 우리에게 가르치실 영을 매일 간구해야 한다.

"보혜사 곧 아버지께서 내 이름으로 보내실 성령 그가 너희에게 모든 것을 가르치고 내가 너희에게 말한 모든 것을 생각나게 하리라"(요 14:26).

만약 우리 안에서 예수님의 전 생애와 사역이 거룩한 가르침이

라면 우리는 우리 안에 이러한 것을 가르치는 영을 가지고 있어야
한다. 이 영은 하나님의 말씀과 우리의 교제를 형성할 것이다. 그리
고 우리의 삶에서 매일 예수님이 그 교제 안에 임하실 것이다.

이때 우리에게 중요한 점은 무지함을 인정하는 것이다. 무지함
은 배우는 자의 편에서는 가장 중요하다. 잘못된 인상, 편견, 신념은
배우는 데 방해가 된다. 이것들이 제거될 때까지 교사의 수고는 헛
된 것이 된다. 교사가 전달하는 지식은 단지 학생의 표면만을 건드
리게 된다. 그러나 교사의 첫 번째 역할은 학생이 이러한 방해물을
발견하고 제거할 수 있도록 돕는 것이다.

우리의 무지함에 대해 깨닫지 못할 때 예수님에 대한 배움이 진
실하고 성실하게 될 수 없다. 우리는 종종 진리를 배우는 데 큰 장애
가 되는 유전으로, 교육으로, 전통으로 종교와 하나님의 말씀에 대
한 우리의 생각을 정립한다. 그런 점에서 우리는 모든 진리에 기꺼
이 복종하도록 요구하시는 예수님께 배우기 위해 비판과 옳음에 관
한 하나님의 점검을 붙잡아야 한다.

또한 겸손함은 우리의 삶에 있어 미덕의 뿌리가 된다.

"누구든지 자기를 높이는 자는 낮아지고 누구든지 자기를 낮추는
자는 높아지리라"(마 23:12).

분명 율법은 하나님의 나라에서 절대적이다. 그러나 은혜, 믿음,

영적인 지식, 그리고 사랑에 대한 높은 차원을 실현하려고 하는 우리의 노력이 실패하는 이유는 율법에 의존하기 때문이다. 실제로 우리는 예수 그리스도의 구원 시작과 완성으로써 그분의 겸손함을 받아들이지 않는다.

> "그러나 더욱 큰 은혜를 주시나니 그러므로 일렀으되 하나님이 교만한 자를 물리치시고 겸손한 자에게 은혜를 주신다 하였느니라"(약 4:6).

"하나님이 겸손한 자에게 은혜를 주신다"라는 말은 우리가 생각하는 것보다 훨씬 더 넓고 깊은 적용이다. 우리는 아침 경건의 시간에 자신을 그리스도의 학교에서 배우는 학생으로 간주해야 한다. 배우는 자로서 겸손함이 우리를 구별하는 표지가 되어야 한다. "나는 마음이 온유하고 겸손하니 나의 멍에를 메고 내게 배우라. 그러면 너희 마음이 쉼을 얻으리니"라고 말씀하신 주님의 음성에 귀를 기울여야 한다.

태초에 말씀이 계시니라. 이 말씀이 하나님과 함께 계셨으니 이 말
씀은 곧 하나님이시니라. …그 안에 생명이 있었으니 이 생명은 사
람들의 빛이라. 요한복음 1:1, 4.

예수님은 하나님이시기에 하나님의 말씀이 될 수 있다. 예수님
은 그 자신 안에 하나님의 생명을 소유하고 계시기에 그 생명의 계
시자가 될 수 있다. 그래서 예수님은 살아 있는 말씀인 동시에 생명
을 주시는 말씀이다.

성경에 기록된 말씀은 우리가 그것을 이해하기 위해 인간적인
지혜를 신뢰하게 될 때 쓸모없고 효과 없는 것이 된다. 우리는 기록
된 말씀을 살아 있는 생명의 말씀이 그 안에 숨겨진 씨앗처럼 받아
들여야 한다. 그것이 성령으로 말미암아 생기를 띨 때 진실로 우리
에게 생명의 말씀이 된다. 그렇기에 하나님의 기록된 말씀과 우리의

교제는 하나님이신 영원한 말씀 안에서 믿음으로 말미암아 영감을 받아야 하며 조절되어야 한다.

생명은 빛이다

이러한 진리는 "생명은 빛이다"라는 표현 속에 나타난다. 빛이 빛나는 것을 볼 때 우리는 어떤 형태 안에 그 빛의 근원이 있다는 사실을 알게 된다. 이것은 또한 영적인 세계에서도 같다. 빛이 있는 곳에는 반드시 생명이 있다. 우리는 죽음, 혹은 어두운 물체에서 빛을 발견할 수 없으나 다른 곳에서 빛을 가져올 수 있다. 그러나 참된 생명은 오직 참된 빛만을 보여준다. 그러므로 참된 그리스도인은 예수 그리스도의 생명 빛을 소유해야 한다.

이와 관련된 요한복음의 구절들은 우리가 성령에 대해 배운 것을 확신시켜준다. 즉 예수님이 하나님의 생명이시기에 하나님의 일을 알고 계신 것처럼 그분이 하나님이시며 하나님의 생명을 소유하고 계시기에 말씀이 된다. 그러므로 오직 하나님의 빛은 하나님의 생명이 존재하는 곳에서만 빛난다. 기록된 말씀이 우리에게 영원한 생명의 말씀을 가져다줄 때 그로 인해 마음 안에 생긴 빛은 우리의 삶에서 빛을 발할 것이다. 분명 오직 성령만이 하나님의 일을 알고 계신다. 또한 하나님의 생명이신 예수님은 우리 안에서 말씀이 생명과 진리가 되게 하시고 우리의 아침 경건의 시간이 진정으로 우리에게 축복이 되게 하신다.

성경의 위대한 교훈 중 하나는 오직 성경이 하나님의 생명을 통해 우리의 삶 속으로 받아들여질 때만이 참된 지식이 된다는 사실이다. 말씀은 거룩한 생명을 낳게 하는 씨앗이다. 그 씨앗이 거룩한 생명을 갈망하는 좋은 밭을 가진 마음에 받아들여질 때 비로소 그것은 싹이 난다. 그리고 모든 씨앗이 그러한 것처럼 후에 열매를 맺게 된다. 그 씨앗은 우리의 삶 속에서 하나님의 생명, 성령을 통한 아버지와 아들의 형상과 성격을 재생한다.

우리는 이러한 교훈을 개인적인 성경 읽기의 실제적인 방법으로 적용해야 한다. "이르시기를 너희는 가만히 있어 내가 하나님 됨을 알지어다. 내가 뭇 나라 중에서 높임을 받으리라. 내가 세계 중에서 높임을 받으리라 하시도다"(시 46:10).

그러므로 우리는 조용한 묵상의 시간을 갖고 우리 주 하나님을 알아가야 한다.

"주 여호와 앞에서 잠잠할지어다. 이는 여호와의 날이 가까웠으므로 여호와께서 희생을 준비하고 그 청할 자들을 구별하셨음이니라"(습 1:7).
"모든 육체가 여호와 앞에서 잠잠할 것은 여호와께서 그의 거룩한 처소에서 일어나심이니라 하라"(슥 2:13).

"오직 여호와는 그 성전에 계시니 온 땅은 그 앞에서 잠잠할지니라"(합 2:20).

하나님께서 우리에게 원하시는 것은 하나님을 기다리고 예배하는 것이다. 말씀은 우리에게 하나님의 생명을 전하고자 하는 그분의 마음으로부터 나온다. 하나님의 생명보다 더한 것은 아무것도 없다. 그래서 우리 안에 그 말씀을 하나님의 능력으로 만드는 것보다 더한 것은 아무것도 없다. 그러므로 우리는 예수 그리스도 안에 있는 살아 있는 말씀을 믿어야 한다.

"그 안에 생명이 있었으니 이 생명은 사람들의 빛이라"(요 1:4).
"예수께서… 이르시되 나는 세상의 빛이니 나를 따르는 자는 어둠에 다니지 아니하고 생명의 빛을 얻으리라"(요 8:12).

사랑 안에서 예수님을 따르고 순종과 예배를 갈망하자. 그러면 예수님의 생명이 우리 안에서 역사하실 것이다. 예수님의 생명이 우리의 영혼에 빛이 될 것이다. 우리 마음속에 그 말씀이 살아 역사하게 하실 성령을 위해 하나님께 간구하자. 우리 매일의 양식으로서 하나님의 뜻을 갈망하자. 우리 안에 생명력 있는 성령의 충만함을 갈망하자. 우리의 뜻 안에, 우리의 생명 안에, 우리의 기쁨 안에 그 말씀을 받아들이자. 그러면 그 생명의 말씀은 빛을 줄 것이며 그 빛은 우리를 빛나게 할 것이다.

나 자신의 경험으로 볼 때 하나님의 말씀이 단지 내 마음속이 아니라 생활에서 받아들여져야 한다는 것을 분명하게 이해하기까지는 오랜 시간이 걸린다. 심지어 우리가 그것을 이해한 후에도 우리가 완전히 믿고 행하기까지는 시간이 걸린다. 우리가 그것을 알게 될 때까지 각각의 교훈을 묵상하자. 말씀은 하나님의 생명에서 나온다. 그리고 그 말씀은 본질에서 나의 삶 속으로 들어와서 내면을 하나님의 생명으로 채울 것이다. 이러한 생명은 우리에게 빛을 준다. 하나님의 영광을 위한 지식의 빛을 준다.

당신 역시 이러한 교훈을 깨닫는 데 생각하는 것보다 더 많은 시간이 걸린다는 사실을 발견하게 될 것이다. 그리고 이것은 당신의 성경 공부를 도와주기보다는 오히려 더 많이 방해할 수 있다는 사실을 발견하게 될 것이다. 하지만 두려워하거나 성급하게 굴어서는 안 된다. 오직 당신이 이러한 교훈을 배운다면 당신이 이전에 전혀 경험하지 못했던 말씀의 숨겨진 보화가 당신에게 참된 지혜를 준다는 사실을 인식하게 될 것이다.

그러므로 나는 다시금 반복해서 하나님의 말씀이 진실함을 강조하고 싶다. 오직 하나님 안에 살아 있는 생명만이 하나님의 일들을 알게 할 것이다. 이와 같은 방법으로 우리의 생활에 그 말씀을 전달함으로써 우리가 하나님의 일들을 알 수 있게 할 것이다. 오직 내 안에 살아계신 성령을 통해서 말이다.

예수님은 말씀이시다. 예수님은 하나님이시며 하나님의 생명을 갖고 계신다. 이처럼 기록된 말씀은 우리에게 하나님의 생명을 전달해주는 예수님, 즉 살아 있는 말씀으로써만 우리를 축복하실 수 있다. 예수님의 생명은 사람들의 빛이다. 그러므로 우리가 하나님의 지식의 빛을 소유하는 것은 우리가 말씀을 통해 예수님의 생명을 소유하고 있을 때만 가능하다.

홀로 기도하는 기쁨을 누려라

복음서들은 예수님이 기도하시기 위해 홀로 계셨음을 자주 언급한다. 누가복음은 예수님의 기도에 관해 열한 번이나 언급하고 있다. 마가복음은 첫 장에서 예수님이 많은 사람을 고치신 후에 새벽에 홀로 계셨음을 기록하고 있다.

"새벽 아직도 밝기 전에 예수께서 일어나 나가 한적한 곳으로 가사 거기서 기도하시더니"(막 1:35).

예수님은 열두 제자들을 선택하실 때도 홀로 계셨다.

"이 때에 예수께서 기도하시러 산으로 가사 밤이 새도록 하나님께 기도하시고"(눅 6:12).

사도 요한은 다음과 같은 중요한 표현을 사용하고 있다. "그는 그 자신 홀로 산으로 출발하셨다." 또한 사도 마태는 "무리를 보내신 후에 기도하러 따로 산에 올라가시니라. 저물매 거기 혼자 계시더니"(마 14:23)라고 기록하고 있다. 이처럼 예수 그리스도의 인성은 완전한 고독에 대한 필요를 느끼셨다. 우리는 겸손하게 이것이 무엇을 의미하는지 깨달을 수 있도록 노력해야 한다.

예수님은 혼자 힘으로, 전적으로 홀로 가셨다. 사람들과의 관계는 우리가 그 자신으로부터 뒤로 물러서서 우리의 에너지를 소모하게 만든다. 예수님의 인성은 이것을 알고 혼자 힘으로 가야 할 필요성을 느끼셨다. 예수님은 자신이 누구인지를 의식적으로 새롭게 해야 할 필요를 아셨다. 또한 자신의 높은 운명, 자신의 인간적인 연약함, 그리고 하나님 아버지께 대한 전적인 신뢰를 다시 인식해야 할 필요를 느끼셨다.

하나님의 자녀들이 얼마나 자주 혼자서 따로 떨어져 있어야 할 필요가 있는가! 이는 우리 자신이 그리스도인의 삶을 유지하기 위한 것이며 하나님에 대한 우리의 능력을 새롭게 하기 위함이다. 그곳에 무슨 이유가 있든지 간에 모든 그리스도인은 하나님을 따라야 할 긴급한 부르심이 있다. 우리는 홀로 하나님과 함께 교제할 수 있는 시간과 장소를 발견해야 한다.

또한 우리는 세상일에서 벗어났을 때 보이지 않는 세상 능력에 자신을 굴복시키지 말아야 한다. 예수님은 자신이 투쟁해서 정복해야 할 어둠의 세계의 능력을 깨닫기 위해 조용한 경건의 시간이 필요하셨다. 예수님은 구원하기 위해 오신 인류에 대한 위대한 요구를 새롭게 인식해야 할 필요가 있었다. 예수님은 하나님의 현존과 능력을 상기시켜야 할 필요가 있었다. 그러기 위해 홀로 조용한 시간을 가질 필요가 있었던 것이다.

어떤 사람이 예수님과의 관계가 친밀함에도 그의 마음과 삶에서 아주 적은 능력을 나타내고 있다면 그는 자신의 영적 실제에 대해서 다시 한번 생각해봐야 한다. 영생에 대한 진리는 무한한 능력을 가졌다. 그런데도 우리는 가끔 우리 자신을 계시할 시간을 갖지 않기 때문에 더 큰 능력을 나타내지 못하는 것이다. 그렇기에 우리는 하늘에서 내려오는 더 큰 능력을 행하기 위해 오직 구속하시는 하나님과 더불어 홀로 시간을 가져야 한다.

그리스도인들은 때때로 일이 예배이며 봉사가 교제라고 말한다. 그렇게 말하면서도 홀로 있는 시간의 중요성을 무시한다. 하지만 이세상에서 홀로 있는 시간을 갖지 않아도 되는 그리스도인은 아무도 없다. 충만한 능력의 소유자이신 예수님조차 홀로 계실 필요성을 느끼셨다. 그분은 인간으로서 자신의 모든 사역의 과거, 현재, 미래를 아버지 앞으로 가져가야 할 필요성을 느끼셨다. 그분은 아버지의 능력을 절대적으로 의지하여 새 힘을 얻어야 했다. 그리고 특별한 경우에는 아버지의 사랑으로 절대적인 확신을 해야 했다.

따라서 예수님이 "아들은 그 자신을 위해 아무것도 할 수 없다" "내가 들은 것을 말한다"라고 말씀하신 것은 하나님과 자신의 관계를 말 그대로 단순한 진리로 표현하신 것이다. 모든 것을 제쳐놓고 예수님이 홀로 시간을 가지신 것은 바로 이러한 관계 때문이었다.

하나님의 모든 종은 하나님과 함께 홀로 있는 이러한 축복된 기술을 이해해야 하며 훈련해야 한다. 교회는 하나님의 백성들이 이러한 높고 거룩한 특권을 수행하도록 훈련해야 한다. 모든 그리스도인은 하나님과 함께 홀로 있는 시간을 가져야 한다. 우리는 그 시간을 통해 하나님이 모든 것을 나와 함께하시며 하나님만이 내게 모든 것이 된다는 사실을 알게 되는 축복을 경험할 수 있다.

예수님은 어린아이처럼 하나님의 말씀을 배우셨다. 예수님은 공생애 전 나사렛에서 말씀을 먹었으며 그것을 자신의 것으로 만드셨다. 예수님은 고독함 속에서 하나님이 자신에게 선포하신 모든 말씀을 논의했으며 자신이 행하도록 계시된 하나님의 모든 뜻을 논의하셨다.

그리스도인이 배워야 할 가장 깊은 교훈 중 하나는 살아계신 하나님이 없는 말씀은 아무런 가치가 없다는 사실이다. 말씀의 축복은 우리가 살아계신 하나님을 만나게 될 때 찾아온다. 우리가 하나님의 입으로부터 얻은 말씀은 그것을 알 수 있는 능력과 그것을 행할 수 있는 능력을 가져다준다. 하나님과 홀로 하는 비밀스럽고도 개인적인 교제는 그 말씀을 살아 있게 하고 능력 있게 만든다.

그리스도인은 기도를 통해 하나님께 우리 전 생애를 드러낼 수 있다. 그리고 하나님의 가르침과 강건함을 요구할 수 있다. 기도는 예수님께 무슨 의미가 있는지, 경배할 만한 예배는 무엇인지, 겸손한 사랑은 무엇인지, 어린아이와 같이 필요한 모든 것을 간구하는 것은 무엇인지를 생각해 보도록 만든다. 그리고 우리가 예수님의 발자취를 따르는 기쁨을 인식하도록 만든다. 하나님은 인생에서 하나님과 홀로 지내는 것을 최고의 기쁨으로 여기는 사람들을 통해 위대한 일을 행하신다.

'홀로'라는 단어는 우리에게 이 땅에서 예수님의 비밀스러운 삶을 드러낸다. 그리고 예수님이 지금 우리 안에 살아계신다는 삶의 비밀을 나타낸다. 성령 안에서 우리 삶의 가장 축복된 요소 중 하나는 하나님과 홀로 교제하는 그 시간에 하나님은 우리에게 자신을 나타내시고 말씀을 전달하신다는 사실이다.

그러므로 너희 죄를 서로 고백하며 병이 낫기를 위하여 서로 기도하
라. 의인의 간구는 역사하는 힘이 큼이니라. 야고보서 5:16.

　우리는 종종 성경 속 인물들의 삶을 우리와는 상관없는 예외적
인 것으로 간주하며 우리는 절대 기대할 수 없는 삶이라고 말한다.
그러나 성경에 나타난 하나님의 목적은 정반대이다. 하나님은 성경
속 인물들을 통해 우리에게 교훈과 격려를 해주신다. 성경 인물들은
하나님의 은혜가 어떤 위대한 일을 행할 수 있는지에 대한 좋은 예
이다. 그들은 하나님의 뜻과 우리의 성품이 어떻게 연결될 수 있는
지를 보여주는 생생한 예이다.

　야고보는 효과적인 기도의 삶을 원하는 우리에게 확신을 주기
위해 이렇게 기록했다. "엘리야는 우리와 같은 성정을 가진 사람이
다. 그의 본성과 우리의 본성에는 아무런 차이가 없다. 그리고 우리

안에 역사하는 은혜와 그 안에서 역사하는 은혜에도 차이가 없다."

그렇기에 우리 또한 엘리야처럼 효과적으로 기도하지 못할 아무런 이유가 없다. 만약 우리의 기도가 능력을 갖기 원한다면 우리는 엘리야의 마음을 가져야 한다. 만약 우리의 기도가 엘리야의 능력을 갖기 원한다면 우리는 그의 삶을 연구해야 한다. 이처럼 우리는 하나님과 함께했던 엘리야의 삶에서, 하나님에 대한 그의 신뢰에서 그 비밀을 찾을 수 있다.

엘리야의 중보기도에서 배우라

기도는 우리 삶의 목소리이다. 우리가 산다는 것은 기도한다는 것이다. 기도 시간에 엘리야를 사로잡았던 것은 말이나 생각이 아니라 하나님께 접속된 그의 원함과 삶에서 보인 그의 마음 상태였다. 삶은 입술보다 더 크게 말하고 입술보다 더 진실하다. 우리는 기도를 잘하기 위해서 올바르게 살아야 한다. 하나님과 함께 살고자 추구하는 사람은 하나님의 마음을 알기 위해 배워야 한다. 그리고 하나님의 뜻에 따라 기도하기 위해서 하나님을 기쁘게 해야 한다.

엘리야는 아합에 대한 첫 메시지에서 자신이 하나님 앞에 서 있다고 말했다.

"길르앗에 우거하는 자 중에 디셉 사람 엘리야가 아합에게 말하되 내가 섬기는 이스라엘의 하나님 여호와께서 살아 계심을 두고 맹세하노니 내 말이 없으면 수년 동안 비도 이슬도 있지 아니하리라 하니라"(왕상 17:1).

기드온 시냇가에 행한 엘리야의 결심을 보라. 그는 까마귀를 통해 하나님에게서 양식을 받고 가난한 사르밧 과부를 통해 공궤를 받았다. 그는 하나님과 동행했고 하나님을 잘 알고 있었다. 시간이 되었을 때 그는 신실하심이 증명된 하나님 앞에서 기도하는 법을 배웠다. 이처럼 믿음의 기도는 하나님과 참된 교제에서 나온다. 삶과 기도의 관계는 밀접하고 긴밀하다. 우리가 하나님과 동행하기 위해서 자신을 드려야 하듯이 우리는 기도하기를 배워야 한다.

엘리야는 하나님이 그를 보내신 곳으로 갔다. 그는 하나님이 자신에게 명령하신 것을 행했다. 그는 하나님을 위해 섰으며 하나님이 주신 사명을 위해 섰다. 그는 사람들을 대적해 그들의 죄를 고발했다. 그러자 그로부터 메시지를 들었던 사람들은 이렇게 반응했다.

"당신은 하나님의 사람이시요. 당신의 입에 있는 여호와의 말씀이 진실할 줄 아노라"(왕상 17:24).

엘리야의 기도는 하나님을 위한 그의 사역에 연결되어 있었다.

그는 행동하는 사람이었으며 기도의 사람이었다. 그가 기도하자 가뭄이 왔으며 그가 기도하자 비가 내렸다. 기도는 그의 선지자 사역의 한 부분이었으며 사람들은 그의 기도를 통한 심판과 자비에 의해 하나님께로 다시 돌아왔다. 엘리야는 기도를 통해 희생제물 위에 불을 내렸고 하나님이 진실로 위대하심을 드러냈다. 엘리야의 모든 기도는 하나님의 영광을 위한 것이었다.

그와 반대로 그리스도인들은 자신을 위한 좋은 선물을 얻기 위해 기도의 능력을 구한다. 이 은밀한 이기주의는 우리의 기도에서 능력을 빼앗아가고 응답을 빼앗아간다. 우리의 자아가 하나님의 영광을 위한 열망 속에서 포기되고 우리의 삶이 하나님을 위해 헌신될 때 비로소 우리의 기도에 능력이 임한다.

하나님은 인간을 사랑하고 구원하고 축복하시기 위해 값을 치르고 사셨다. 하나님을 섬기기 위해 자신을 드리는 성도는 기도에서 새로운 생명을 찾아야 한다. 이것은 다른 사람들을 위한 사역과 다른 사람들을 위한 우리 기도의 진실성을 증명한다. 하나님을 위한 기도는 담대하게 기도하기 원하는 우리의 욕구와 권리를 강화한다. 그렇기에 우리는 하나님께 나 자신을 드린다고 고백해야 한다. 이것은 하나님이 우리의 기도를 들으신다는 확신을 강하게 할 것이다.

엘리야는 기근 동안에 개인적인 필요를 위해 하나님을 신뢰하는 법을 배웠다. 그리고 하나님의 백성들을 위한 기도 응답에 있어 하나님을 담대히 신뢰했다. 엘리야는 불로 응답하시는 하나님께 호소

할 때 자신의 기도를 들으실 것이라는 확신이 있었다. 그는 아합에게 비가 올 것이라고 알린 후에 얼굴을 땅에 대고 그것을 위해 맹세했다. 그러나 그의 종을 여섯 번이나 보냈음에도 아무런 징조도 보이지 않았다. "그의 사환에게 이르되 올라가 바다쪽을 바라보라. 그가 올라가 바라보고 말하되 아무것도 없나이다. 이르되 일곱 번까지 다시 가라"(왕상 18:43). 하지만 엘리야는 아무런 변화도 없는 것에 실망하지 않았고, 드디어 일곱 번째 손만한 작은 구름을 통해 응답을 확신했다.

엘리야는 하나님의 약속과 성품에 대해 흔들리지 않는 확신이 있었다. 하나님과의 개인적인 친밀한 관계가 그에게 의인의 기도에 역사하는 힘을 주었다. 내적인 기도의 골방은 이러한 확신을 배우는 장소이다. 아침의 경건 시간은 엘리야처럼 우리를 기도하도록 무장시키는, 은혜를 주시는 훈련학교이다. 엘리야의 하나님은 오늘도 여전히 살아계신다. 또한 그 안에 거하시는 영은 지금 우리 안에도 거하신다.

우리 자신만을 내세우는 기도에 대한 이기적인 생각을 버리자. 하나님을 위해 완전하게 살고자 했던 엘리야와 같은 믿음을 계발하자. 그때 우리는 엘리야처럼 기도하는 법을 배우게 될 것이다. 기도는 우리에게 다른 사람들에게 우리의 기도가 효과적이며 위대한 가치가 있다는 사실을 경험할 수 있는 축복을 가져다준다. 우리 주님의 능력 안에서, 우리를 위해 중보하시는 주님 안에서 용기를 얻고 두려워하지 말자. 하나님을 위해 우리 자신을 드리고 하나님을 위해 일하자. 하나님을 알고 신뢰하는 법을 배우자. 하나님의 생명을 의존하고 우리 안에 거하시며 우리가 의인과 같은 기도를 드리게 하는 성령님을 의지하자.

당신도 최고의 중보자가 될 수 있다

중보의 능력을 받기 원하는 많은 그리스도인은 그 안에서 즐거워하고 인내하고 극복하는 것이 얼마나 어려운지를 발견하고 놀랄 것이다. 우리는 기도의 세계에서 지도자들, 그리고 영웅들의 삶을 연구해 보아야 한다. 그들의 성공 요소 중 일부는 이미 우리에게 계시되어 있다.

참된 중보 기도자는 그의 마음과 삶이 전적으로 하나님과 그분의 영광 앞에 포기되었다는 것을 아는 사람이다. 모세, 엘리야, 다니엘, 그리고 바울은 이것이 영적인 세계에서 사실임을 증명해 보였다. 우리 주님도 직접 증명해 보이셨다. 예수님은 중보로서 우리를 구원하신 것이 아니라 그 자신이 희생제물이 되심으로써 우리를 구원하셨다. 예수님의 중보 능력은 그 희생 안에 뿌리를 두고 있으며 그 희생이 승리를 가져왔다.

"그러므로 내가 그에게 존귀한 자와 함께 몫을 받게 하며 강한 자와 함께 탈취한 것을 나누게 하리니 이는 그가 자기 영혼을 버려 사망에 이르게 하며 범죄자 중 하나로 헤아림을 받았음이니라. 그러나 그가 많은 사람의 죄를 담당하여 범죄자를 위하여 기도하였느니라"(사 53:12).

예수님은 먼저 하나님의 뜻에 굴복하셨다. 그리고 죄인들을 위해 자신의 모든 것을 다 태워버리실 정도로 사랑을 나타내셨기에 중보의 능력에서 승리하실 수 있었다.

예수 그리스도와 함께 개인적으로 죽음에 들어가서 하나님과 다른 사람들을 위해 그 자신을 내주기를 원하는 그리스도인은 모세와 엘리야처럼 기꺼이 담대할 수 있으며 바울과 다니엘같이 기꺼이 인내할 수 있다. 이처럼 하나님께 대해 온 마음으로 헌신하고 복종하는 것은 중보 기도자의 첫 번째 성품이다.

우리는 참된 중보 기도자처럼 기도할 수 없다고 불평할 수 있다. 그리고 그렇게 행하기 위해 어떻게 준비할 수 있느냐고 따질 수도 있다. 우리는 하나님 안에서 우리의 연약한 믿음에 대해, 영혼을 위한 부족한 사랑에 대해, 그리고 기도 가운데 있는 부족한 기쁨에 관해 이야기할 수도 있다. 그러나 중보기도의 능력을 갖기 위해서는 이러한 불평들을 중단해야 한다. 오히려 우리를 부르신 하나님이 그 일을 위해 우리에게 완전하게 준비된 성품을 주셨다고 고백해야 한다. 사과나무는 오직 사과 열매만을 기대한다. 그 안에 사과의 성질을 가지고 있기 때문이다.

> "우리는 그가 만드신 바라. 그리스도 예수 안에서 선한 일을 위하여 지으심을 받은 자니 이 일은 하나님이 전에 예비하사 우리로 그 가운데서 행하게 하려 하심이니라"(엡 2:10).

눈은 보기 위해 창조되었다. 그리고 그것은 그 보는 일을 위해 아름답게 준비되었다. 마찬가지로 우리는 예수님 안에서 기도하기 위해 창조되었다. 그것이 바로 하나님의 자녀가 갖는 성품이다. 당신은 하나님이 왜 그 성령을 당신 마음속에 보내셨다고 생각하는가? 그것은 당신이 "아빠 아버지"라고 부르짖게 하려고, 그리고 당신 마음속에서 어린아이와 같은 기도를 끌어내기 위해서다.

성령은 말할 수 없는 탄식으로, 우리 마음과 생각이 이해할 수 없는 거룩한 능력으로 우리 안에서 기도하고 계신다. 만일 당신이 중보 기도자가 되기를 원한다면 성령이 일반적으로 받게 되는 것보다 훨씬 더 많은 위대한 경외감을 성령께 돌려야 한다. 성령이 당신 안에서 기도하고 계심을 믿어야 한다. 그러면 강건해질 것이며 선한 용기를 얻게 될 것이다. 당신은 계속해서 하나님 앞에서 믿기 위해 기도함으로써 당신 안에서의 놀라운 기도의 능력에 굴복해야 한다.

또한 우리는 예수님의 이름으로 기도하는 법을 배워야 한다. 그 이름은 살아 있는 능력을 의미한다. 우리는 예수님 안에 있고 그분은 우리 안에 계신다. 우리의 전 생애는 그분과 함께 숨겨져 있고 연합되어 있다. 그리고 그분의 전 생애도 우리 안에 숨겨져 있고 우리 안에서 일하고 계신다. 중보기도의 능력을 원하는 그리스도인이라면 자신과 예수님이 중보사역 안에서 하나 됨을 분명히 이해해야만 한다. 우리는 그 이름과 성품, 의로움과 가치, 형상, 영, 그리고 예수님의 생명으로 옷 입고 하나님 앞으로 나아가야 한다.

또한 우리는 우리의 간구가 기도 중에 중언부언되지 않도록 주의해야 한다. 우리는 오직 예수님 안에서 예수님과 완전한 연합을 이루어 겸손하고 확신 있게 하나님께 아뢰어야 한다. 예수님 안에서 자신의 삶과 의무로써 하나님께 다가가는 우리는 중보할 수 있는 능력을 갖게 될 것이다.

중보기도는 무엇보다 믿음의 일이다. 그것은 우리에게 하늘의 실제를 믿을 뿐만 아니라 듣게 될 것을 믿는 믿음을 요구한다. 우리는 자신의 무가치함을 걱정하지 않는 믿음을 가져야 한다. 우리는 예수님 안에서 살고 있기에 중보기도는 우리의 감정에 의존하지 않고 하나님의 신실함을 의존하는 믿음을 요구하고 있다. 우리에게는 세상을 극복하고 그것을 소유하기 위해 영적으로 자유함을 받아서 보이는 것에 희생하는 믿음이 필요하다. 우리의 믿음은 그것이 요구하는 것을 듣고 받아들이는 것을 알아야 한다. 그러므로 그 안에서 응답이 올 때까지 조용히 탄원하는 기도를 계속해야 한다. 진실한 중보자는 믿음의 사람이 되어야 한다.

중보기도는 항상 하나님의 은혜를 받아들이고, 하나님이 무엇을 어떻게 우리에게 일하시는지를 더욱더 확실하게 알기 위해 하나님을 겸손하게 기다리는 것으로 완성된다. 하늘에서 매일의 필요를 공급받는 축복을 이 땅으로 끌어내리는 것은 중보기도 사역을 시작하게 하는 위대한 일이다. 중보 기도자로서 그러한 축복을 받는 것은 개인적으로 위대한 일이다. 그때 우리는 하나님 앞에서 누군가에게 그 축복을 전달할 수 있음을 알고 나아가야 한다. 하나님은 우리가 다른 사람들을 축복할 준비가 되어 있는 중보 기도자로 세워지기를 원하신다.

성령님을 경험하는
임재의 영성

C·H·A·P·T·E·R·01

지금은 성령의 시대이다

너희가 악할지라도 좋은 것을 자식에게 줄 줄 알거든 하물며 너희 하
늘 아버지께서 구하는 자에게 성령을 주시지 않겠느냐 하시니라. 누
가복음 11:13.

종교 개혁자 마틴 루터는 기도를 주제로 묵상하다가, 우리는 지
금 성령의 시대를 살고 있다는 간단하지 않은 생각에 사로잡혔다고
말한다. 루터의 말을 들어보자. "지금처럼 성령이 역사하실 때는 우
리가 어떤 식으로 하나님을 섬기더라도 그분의 능력을 힘입지 않으
면 그다지 의미가 없다. 이런 생각을 하다가 '하물며 너희 하늘 아버
지께서 구하는 자에게 성령을 주시지 않겠느냐'라는 소중하고 무궁
무진한 말씀을 제대로 깨닫게 되었다."

그의 말에서 이런 교훈을 얻을 수 있다. 우리는 누구든지 하루하
루의 필요를 채우고 삶을 가꾸어 나가려면 하나님에게서 성령을 늘

새롭게 전달받아야 한다. 성령이 함께하시지 않으면 하나님을 기쁘시게 하거나 이웃에게 진정한 도움을 베풀 수 없다. 그리고 이 교훈 덕분에 기도에 의지해서 하나님의 뜻을 성취하려면 무엇보다 고귀한 능력의 원천인 성령을 기도의 근원으로 삼는 게 중요하다.

물은 근원보다 더 높은 곳으로 흐를 수 없다. 그래서 성령님이 우리 인간을 통로나 수로로 삼아서 기도하시게 되면, 우리의 기도는 그것의 근원이 되시는 하나님께로 올라가서 우리와 다른 이들 내부에서 역사하시는 하나님의 응답을 받게 된다.

마틴 루터는 또한 이렇게 말한다. "우리 한 사람 한 사람이 그리스도인답게 사는 것은 기도의 양이 아니라 주로 질에 달려 있다는 것을 한층 더 신뢰하게 된다."

우리가 생각하고, 깊이 묵상하고, 그리고 간절히 기도할 때 이런 교훈이 얼마나 큰 도움이 되는지! 기도 시간을 가질 때는 하늘에 계신 아버지께 오늘을 살아가는 데 필요한 성령을 달라고 간구해야 한다. 하나님 아버지 역시 우리가 그렇게 간구하기를 원하고 계신다.

성령의 인도하심을 받는 성령의 열매들

우리는 기도에 관한 교훈 가운데 두 가지를 일차적으로 확인했다. 첫째, 우리는 매일 아침 하나님께 성령을 새롭게 허락해 달라고 기도해야 한다. 둘째, 성령께 우리를 가르치고 도와달라고 기도해야 한다. 이제 세 번째 교훈은 갈라디아서 5장의 말씀을 암송하는 것이다.

> "오직 성령의 열매는 사랑과 희락과 화평과 오래 참음과 자비와 양선과 충성과 온유와 절제니 이 같은 것을 금지할 법이 없느니라"(갈 5:22-23).

그리스도인은 그저 하나님께 간구하고, 그러면 하나님이 즉각적으로 응답하신다고 생각할 때가 잦다. 하지만 언제나 그런 것은 아니다. 오히려 성령께서 우리의 영적 생활에 힘을 북돋아서 기도를 제대로 할 수 있게 해주신다.

우리는 성령께 가르쳐 달라고 간구할 때마다 그분이 신실한 영향력을 발휘할 수 있도록 마음을 열어야 한다. 그럴 때 우리는 감동을 받고 성령이 역사하시는 순간 제일 먼저 우리 자신을 내려놓게 된다. 이렇게 내려놓는 것은 그분 앞에서 성령의 열매들을 부르면서 그것들로 충만하게 해달라고 간절히 기도하는 것이다. 그래서 성경 구절을 암송하면 성령의 가르침을 구하는 기도처럼 이렇게 기도하는 법을 익힐 수 있다. "여기에 내 마음이 있습니다. 성령의 열매로 채워주소서."

처음 세 가지 성령의 열매는 사랑과 희락과 화평이다. 이 세 가지 열매는 강력한 신앙생활을 가리키는 세 가지 특징이다. 사랑의 대상은 하나님 아버지와 예수 그리스도, 그리고 함께 신앙생활을 하는 형제자매와 모든 사람을 가리킨다. 희락은 우리의 모든 필요가 완벽하게 성취되었고 우리가 반드시 해야 할 일을 모두 처리할 수 있는 용기와 신앙을 눈으로 확인할 수 있는 증거가 된다. 하나님이 주시는 화평은 우리의 생각과 마음이 헤아릴 수 없을 만큼 안정되고 평안하게 복된 상태를 유지시켜 준다.

예수님은 제자들에게 마지막 말씀을 하시면서 이 세 가지 문장 앞에 "나의"라는 표현을 덧붙이셨다.

"내 사랑 안에 거하라."

"내 기쁨이 너희 안에 있어."

"나의 평안을 너희에게 주노라."

성령님 덕분에 우리 안에 이 열매들이 완벽하게 열매 맺기를 갈망하게 되었으니, 그분께 간구해야 하지 않겠는가? 그러면 마침내 올바르게 기도하게 되고, 그리고 하늘에 계신 아버지께 언제나 더 많이 간구하게 될 것이다.

이제는 성령의 열매 가운데 나머지 네 가지인 오래 참음과 자비와 양선과 온유를 살펴보자. 이 네 가지 단어는 하나님의 속성을 가리킨다. 우리 안에 그것들이 열매를 맺기 위해서는 성령이 우리의 삶 속에서 역사하실 수 있도록 많은 기도가 필요하다. 하나님이 그것들을 사용하셔서 사람들을 인도하시는 방식을 살펴보면 다음과 같다.

● 오래 참음. 성경은 하나님이 죄인들을 놀라울 정도로 인내하신다고 증거한다. 베드로후서 3장 9절에 기록된 하나님의 말씀을 보라. "오직 주께서는 너희를 대하여 오래 참으사 아무도 멸망하지 아니하고 다 회개하기에 이르기를 원하시느니라." 성령은 하나님의 이런 속성을 우리 삶의 복된 특성으로 삼게 하셔서 우리 역시 모든 죄인과 그릇된 행동을 하는 사람들이 구원받을 수 있도록 거룩한 인내를 실천하게 하신다.

● 자비. 하나님의 인자하심을 노래하는 시편을 읽어 보면 얼마나 놀라운지 모른다. "이는 하늘이 땅에서 높음 같이 그를 경외하는 자에게 그의 인자하심이 크심이로다"(시 103:11). 하나님은 모든 죄악과 우리를 둘러싼 비참함을 다룰 때도 이와 같은 선하심과 인자하심으로 우리 안에서 역사하신다.

● 양선. 예수님은 이렇게 말씀하셨다. "하나님 한 분 외에는 선한 이가 없느니라"(막 10:18). 모든 선은 하나님에게서 오고 그분의 자녀들이 간구하고 바라는 만큼 주신다. 그리고 이 양선은 어려움에 부닥친 모든 사람을 동정하고 사랑하는 과정에서 온전히 드러난다.

● 온유. 시편 18편 35절 말씀을 읽어 보면 이렇다. "주의 온유함이 나를 크게 하셨나이다." 그런데 하나님의 온유함은 주로 하나님의 유일한 아들 안에서 드러난다. 예수님은 "나는 마음이 온유하고 겸손하니 나의 멍에를 메고 내게 배우라"(마 11:29)

고 가르치셨다. 사도 바울 역시 성도들에게 "그리스도의 온유
와 관용"을 배우라고 말했다. 성령은 부드러운 비둘기처럼 예
수님께 내려오셨다. 성령은 온유의 무르익은 열매를 모든 사
람에게 나누어주고 싶어 하신다.

하나님의 이 네 가지 속성이 죄인들 가운데서 역사하시는 하나
님의 특징이고, 성령님 덕분에 우리의 마음에서 무르익어 말과 행동
이 온유하고 겸손하신 예수님을 닮아갈 수 있다는 사실은 우리에게
대단히 큰 기쁨을 준다.

성령 안에서 온전히 걸어가라

하나님은 인간을 영원 전부터 영광을 드러낼 수 있는 거처로 삼
고 싶어 하셨다. 우리의 범죄 때문에 이 계획은 겉으로 보기에는 틀
어진 것처럼 보인다. 하지만 하나님은 이스라엘 백성을 통해서 계획
을 실행할 방법을 모색하셨다. 사람들 사이에 거처를 마련하려고 하
셨다. 처음에는 성막, 그다음에는 성전이었다. 이것은 인류를 구속
하시는 하나님의 진정한 거처, 즉 영원히 성전이 되어야 할 것의 그
림자와 형상에 불과했다. 우리는 성령 안에서 하나님이 거하실 처소
로 만들어졌다.

"너희도 성령 안에서 하나님이 거하실 처소가 되기 위하여 그리스도 예수 안에서 함께 지어져 가느니라"(엡 2:22).

성령께서 임재하신 이후로 하나님은 성령을 통해서 거룩해지고 새로워진 각 사람의 마음에 거처를 마련하셨다. 그리고 아무리 연약한 성도라 하더라도 예외 없이 이런 음성을 듣게 하셨다. "아직도 너희가 하나님의 성전인 것을 알지 못하느냐?" 이 진리를 깨닫거나 경험하는 일이 얼마나 드문지 모른다. 그렇지만 이 말씀은 정말로 사실이다. "하나님의 성전은 거룩하니 너희도 그러하니라."

사도 바울은 자신을 증언하면서 "그리스도께서 내 안에 거하고 계신다"고 말했다. 이것은 그가 신비의 영광이 가득한 상태, 즉 예수 그리스도께서 우리 안에 거하고 계신다고 증거하던 복음이 충만한 상태이다. 이것이 바로 하나님이 속사람 안에 있는 성령으로 능력을 더하시고, 믿음을 통해서 그리스도께서 마음에 거하실 수 있도록 바울이 아주 간절히 기도한 내용이다.

그렇다. 이것이 바로 우리 주님께서 직접 약속하신 말씀이다.

"예수께서 대답하여 이르시되 사람이 나를 사랑하면 내 말을 지키리니 내 아버지께서 그를 사랑하실 것이요. 우리가 그에게 가서 거처를 그와 함께하리라"(요 14:23).

그러나 우리가 이 놀라운 은혜를 받아들이고 떠받드는 일에 별다른 관심을 보이지 않는다는 게 이상할 따름이다.

우리는 성령님 덕분에 거룩해져서 하나님의 성전이 되고 하나님이 예수님과 함께 우리 마음에 거하시는 것을 경험하게 된다. 성령은 이 한 가지 조건, 즉 우리 자신을 그분의 인도하심에 전적으로 맡기느냐에 따라서 그 일을 가능하게 하신다. 우리는 고린도후서의 마지막 구절을 통해서 성령의 특징과 활동을 확인할 수 있다. "성령의 교통하심이 너희 무리와 함께 있을지어다"(고후 13:13). 성령님 덕분에 아버지와 아들이 하나가 되고 신격 안에서 서로 교제할 수 있다. 성령은 신격의 진정한 생명이기 때문이다.

우리는 성령님 덕분에 하나님과 그의 아들 예수님과 더불어 교제할 수 있다. "우리의 사귐은 아버지와 그의 아들 예수 그리스도와 더불어 누림이라"(요일 1:3). "우리에게 주신 성령으로 말미암아 그가 우리 안에 거하시는 줄을 우리가 아느니라"(요일 3:24). 우리는 성령을 통해서 하나님 아버지와 아들을 알게 되고 사랑의 교제를 경험하게 된다.

하나님의 자녀인 우리는 성령님 덕분에 서로 교제할 수 있다. 하나님의 자녀는 자신의 이익만 앞세우는 이기심이나 사욕과 무관해야 한다. 우리는 하나의 지체를 생각해야 한다. "몸이 하나요 성령도 한 분이시니"(엡 4:4). 계속해서 지체가 하나가 되는 것은 성령님 덕분이다.

성령께서 교회 안에서 더 큰 능력을 발휘하시지 않는 까닭 가운데 하나는 성령을 통한 하나 됨을 제대로 추구하지 않기 때문이다. 오순절에 열흘 동안 어울려서 기도하자 120명이 녹아서 하나 되었다. 그들은 서로 교제하는 영을 받았다.

우리는 성찬의 자리에서 빵과 포도주로 교제를 나눈다. 우리는 다른 지체들이 겪는 어려움 때문에 서로 교제하기도 한다. 그것은 언제나 이런 식이다. "성령의 교통하심이 너희 무리와 함께 있을지어다." 그렇기에 우리는 성령의 열매에 관한 갈라디아서의 말씀을 기억하고 기도로 우리의 사정을 성령께 알려서 모든 하나님의 자녀에 대한 우리의 사랑을 증명해야 한다.

하늘나라에서는 성령님 덕분에 아버지와 아들이 영원히 사랑의 사귐을 갖는다. 진정으로 성령의 충만함을 갈망하는가? 그렇다면 먼저 자신을 하나님께 내려놓으라. 그리고 예수님의 모든 지체와 하나가 되고 교제할 수 있도록 성령께 간구하라. 이 모든 것은 우리 마음에 성령이 부어질 때 가능해진다.

"우리에게 주신 성령으로 말미암아 하나님의 사랑이 우리 마음에 부은 바 됨이니"(롬 5:5).

성령님 덕분에 하나님의 사랑이 우리 마음에 부어졌다. 하나님이 성령을 부어주신 게 사실인 것만큼이나 성령을 통해서 하나님의 사랑이 부어진 것 역시 사실이다.

그렇다면 이것을 우리가 자주 경험하지 못하는 이유는 무엇인가? 대답은 간단하다. 불신 때문이다. 우리의 마음을 하나님의 사랑으로 채우시는 성령의 강력한 역사를 믿기까지는 시간이 걸린다. 우리가 세상과 그것에 관한 관심을 멀리하기 위해서는 시간이 필요하다. 그리고 우리의 마음이 하나님의 사랑에 사로잡히려면 혼자서 하나님의 빛을 쬘 수 있는 시간이 요구된다.

하나님의 한없는 사랑과 마음을 사로잡는 거룩한 능력을 믿으면 우리가 간구하는 것, 즉 성령을 통해서 우리의 마음에 쏟아진 하나님의 사랑을 얻을 수 있다. 하나님은 자녀들이 마음과 힘을 다해서 자신을 사랑하기를 바라신다. 하나님은 우리가 얼마나 연약한지 아신다. 그리고 바로 그 이유로 하나님의 깊은 곳을 살피고, 그 깊은 곳에서 우리의 마음을 채울 수 있는 영원한 사랑의 샘을 찾아내는 성령이 허락된 것이다. 우리가 이것을 갈망하고 하나님을 가까이하고 조용히 받들고 경배하게 되면 어떤 지식으로도 헤아릴 수 없는 그리스도 안에 나타난 하나님의 사랑을 깨닫게 된다.

성령님은 우리가 이 사랑을 소유하길 바라고 계신다. 성령님은 그리스도의 사랑 안에 거할 수 있는 하나님의 위대한 사랑에 힘입어서 아버지와 함께 거하시고, 형제들이나 멸망의 길을 걷는 사람들에게 그 사랑을 전하라고 하루도 거르지 않고 교훈하신다. 성령님은 우리 마음을 영원한 사랑의 샘으로 만들어서 영생이 흘러나와 모두에게 축복이 흘러가게 하신다. 그렇기에 우리는 감사한 마음으로 이렇게 말해야 한다. "성령님 덕분에 하나님의 사랑이 내 마음에 부어졌습니다!"

그렇다면 우리는 우리 마음속에 부어진 성령을 통해 어떻게 걸어갈 수 있을까? '걷다'라는 말은 우리가 비슷한 사람들과 날마다 함께 살아가고 있음을 일깨워 준다. 그리스도인은 걷고 대화를 나누면서 성령의 인도하심을 추종하고 성령을 따라서 걸어가야 한다. 성령을 따라서 걷는 것은 영적인 사람을 알리는 표지다. 영적인 사람은 성령 안에서 하나님을 섬기고 육체를 신뢰하지 않는다.

종종 우리는 기도하는 순간에 하나님과 대화하거나 하나님의 나라를 위해서 봉사할 때만 성령이 필요한 것처럼 말한다. 이것은 커다란 오해이다. 하나님은 온종일 성령이 우리 안에 거하도록 허락하셨다. 우리는 매일의 삶 속에서 무엇보다 성령이 절실히 필요하다. 세상이 우리와 하나님을 떼어놓을 수 있는 강한 능력을 지니고 있기 때문이다. 아침마다 우리는 그날에 필요한 성령을 새롭게 허락해 달라고 기도해야 한다. 하루를 보내면서 성령이 우리와 함께하신다는 사실을 기억하면서 하나님께 우리의 마음을 온전히 드려야 한다.

이와 관련해서 사도 바울은 이렇게 말했다. "너희가 그리스도 예수를 주로 받았으니 그 안에서 행하되"(골 2:6). 그리고 거듭해서 말했다. "주 예수 그리스도로 옷 입고"(롬 13:14). 외출할 때 외투를 입는 것처럼 그리스도인은 주 예수님을 옷 입고, 예수님이 내주하고 있으며, 성령을 따라 걷고 있음을 행동으로 보여주어야 한다.

"너희는 성령을 따라 행하라. 그리하면 육체의 욕심을 이루지 아
니하리라"(갈 5:16).

우리가 성령님의 인도하심을 따르지 않는다면 육체가 우리를 다
스리게 된다. 하나님이 허락하신 은총이 얼마나 소중한지 알 수 없
다. 우리 마음속에서 아들의 영이 "아빠, 아버지!"라고 외치면 우리
는 온종일 사랑스러운 자녀로서 하나님의 임재 안에서 걸어갈 수
있다.

그리스도인이라면 이 교훈을 깨달아야 한다. 언제나 성령을 따
라 걸어가도록 가르치려고 성령이 주어진 것이다. 그렇기에 우리는
하나님이 계속해서 거룩한 안내자가 되어 주심에 감사해야 한다. 하
나님은 하늘로부터 우리를 매일 새롭게 하고 걸어가게 하며 예수 그
리스도 안에 머물도록 해주신다.

너희가 나를 사랑하면 나의 계명을 지키리라. 내가 아버지께 구하겠
으니 그가 또 다른 보혜사를 너희에게 주사 영원토록 너희와 함께
있게 하리니. 요한복음 14:15-16.

하늘로 올라가실 예수 그리스도께서 보혜사 성령을 보내 달라고
아버지께 기도하셨다. 처음 이런 기도를 하셨을 뿐만 아니라 중보사
역의 일부가 될 예정이었다. 우리 주님은 "항상 살아 계셔서 그들을
위하여 간구"(히 7:25)하신다. 그렇기에 아버지의 영과 함께 계속해
서 교제할 수 있는 것은 모두 아들 덕분이다.

여기서 우리 주님은 성령을 보내실 한 가지 조건을 소개한다. 우
리가 주님을 사랑하고 계명을 지키면 "내가 아버지께 구하겠으니."
이것은 의미심장하고 철저한 말씀, 즉 아주 절실하고 복된 교훈의
말씀이다.

성령이 오시면 우리는 아버지의 뜻을 실천할 수 있다. 그 조건은 합리적이고 정당하다. 성령을 통해서 계명을 지키는 한 우리에게 성령이 충분히 허락되기 때문이다. 우리가 이 진리를 진심으로 받아들이고 기꺼이 성령님의 인도하심에 자신을 맡긴다면 우리는 날마다 성령 충만함을 누릴 수 있다. 그렇기에 우리는 마음을 다해서 그 조건을 수용하고, 주님의 계명을 온전히 지키며, 그리고 계명을 더 완벽하게 실천할 수 있는 능력을 간구해야 한다.

사탄의 속삭임에 귀를 기울이거나 불신과 게으름 때문에 무너져서는 안 된다. 주저하지 말고 주님께 자신을 내려놓아야 한다. 우리 주님은 이렇게 말씀하셨다.

"너희가 나를 사랑하면 나의 계명을 지키리라."

사랑 덕분에 실천할 수 있다. 주 예수님은 이 문제에 관해서 헛된 소망으로 우리를 속이지 않으신다. 은혜를 주시고 우리 마음에 사랑을 허락하시면서 이렇게 말하도록 교훈하신다.

"나는 기쁘게 당신의 뜻을 실천하겠습니다!"

우리는 어린아이 같은 믿음으로 주님을 신뢰하고 자신을 완벽하게 주님의 뜻에 맡겨야 한다. 필요한 것은 그것이 전부이다. 그러면 주님이 우리와 맺은 계약("너희가 나를 사랑하면 나의 계명을 지키리라")의 아름다움을 이해하게 되고, 그러면 하나님은 매일 성령을 보내주실 것이다.

예수 그리스도를 현현하시는 거룩한 성령

우리 주님이 제자들에게 "볼지어다. 내가 세상 끝날까지 너희와 항상 함께 있으리라"(마 28:20)고 말씀하셨을 때, 처음에 제자들은 주님의 말씀에 담긴 의미를 제대로 이해하지 못했다. 제자들이 우리 안에 거하시는 영속적인 임재의 기쁨 안에서 새로운 삶을 살기 시작한 것은 영광을 받으신 그리스도께서 하늘로부터 제자들의 마음속으로 내려오신 성령으로 충만해졌던 오순절이었다.

예수 그리스도께서 영광스러운 약속을 성취하시는 것, 특히 성부와 성자께서 우리 안에 거하시겠다는 약속의 성취(요 14:23)에 대한 우리의 믿음은 모두 한 가지 본질적이고 필연적인 조건이 전제되어야 한다. 곧, 오순절에 제자들에게 임하신 그리스도의 성령이 우리를 다스리고 인도하실 수 있도록 철저히 끊임없이 자신을 내드리는 삶이 전제되어야 한다.

나는 아무도 "그리스도께서 날마다 온종일 우리와 함께 계시는 것을 경험하기란 불가능하다"고 말하기를 바라지 않는다. 예수 그리스도는 진정으로 그분의 말씀이 단순하고도 영원한 실재가 되기를 바란다는 뜻으로 이렇게 말씀하셨다. 예수님은 그러한 약속들이 절대적인 신성한 진리로 받아들여지기를 바란다는 뜻으로 이렇게 말씀하셨다.

"나의 계명을 지키는 자라야 나를 사랑하는 자니 나를 사랑하는 자는 내 아버지께 사랑을 받을 것이요. 나도 그를 사랑하여 그에게 나를 나타내리라"(요 14:21).
"사람이 나를 사랑하면 내 말을 지키리니 내 아버지께서 그를 사랑하실 것이요. 우리가 그에게 가서 거처를 그와 함께하리라"(요 14:23).

그러나 이러한 진리는 하나님으로서 권능을 가진 성령을 깨달아 알고 믿고 순종하는 곳에서만 경험될 수 있다. 예수 그리스도께서 요한복음 14장에서 말씀하신 것은 바울이 "오직 내 안에 그리스도께서 사시는 것이라"(갈 2:20)고 말했을 때, 또한 요한이 "그의 계명을 지키는 자는 주 안에 거하고 주는 그의 안에 거하시나니 우리에게 주신 성령으로 말미암아 그가 우리 안에 거하시는 줄을 우리가 아느니라"(요일 3:24)고 표현했을 때 거듭 증언한 내용이다.

성부 하나님을 알리기 위해서 예수님이 하나님으로 오셨으며 우리 안에 계신 예수님을 알리기 위해서 성령이 하나님으로 오셨다. 우리는 하나님이신 성령이 절대적인 순종을 요구하시며 기꺼이 우리의 모든 존재를 사로잡고 있기를 원하신다는 사실을 깨달아야 한다. 그리고 예수님이 우리에게 요구하시는 모든 것을 우리에게 성취하실 수 있다는 사실을 이해해야 한다.

육신의 온갖 권세로부터 우리를 구원해주실 수 있는 분, 우리 안에 자리 잡은 세상 권세를 정복하실 수 있는 분이 바로 이 성령이시다. 이는 "볼지어다. 내가 세상 끝날까지 너희와 항상 함께 있으리라"(마 28:20)는 말씀처럼 예수 그리스도께서 다름 아닌 우리 안에 거하시는 자신의 영속적인 임재를 통하여 우리에게 예수 그리스도를 현현하시는 것도 바로 이 성령이시다.

또한 우리가 성령의 활동을 이해하고 진정으로 경험하려면 성령과 예수 그리스도의 관계를 알아야 한다. 우리 주님은 떠나시기에 앞서 보혜사 성령이 제자들을 찾아오실 것이라고 말씀하셨다. 성령이 하늘나라의 영광을 모두 동원해서 제자들에게 그리스도를 계시하신다는 것이다. 주님과 제자들이 잠시 떨어져 있더라도 얼마 지나지 않아서 특별한 방법으로 함께 만나게 될 것이다. 이 때문에 제자들은 간절히 성령을 위해서 기도했다. 그들은 예수님을 언제나 소유하고 싶었기 때문이다. 그래서 주님은 성령이 그들에게 일러주실 것이라고 약속하셨다.

이것이 "그가 내 영광을 나타내리니 내 것을 가지고 너희에게 알리시겠음이라"(요 16:14)는 구절에 담긴 의미이다. 달리 말하자면 내가 영광스러운 하늘나라에 있다 하더라도 성령이 나를 소개한다는 뜻이다. "내 것", 즉 내 사랑, 내 기쁨, 내 평안, 그리고 내 모든 삶을 "가지고 너희에게" 알려주실 것이라는 말씀이시다. 우리가 예수님의 영광을 위한 삶을 살고자 하는 간절한 바람을 갖고 있다면 성령께서 응답하셔서 온종일 예수님의 거룩하신 임재를 마음에 간직하게 하실 것이다. 우리는 예수님과 교제하고 사랑하며 명령을 지키고, 무엇이든지 그분의 이름으로 행하려고 날마다 조용히 힘써야 한다. 그러면 우리는 은밀하고 강력하게 내부에서 역사하시는 성령을 의지할 수 있다.

"오직 성령의 열매는 사랑과 희락과 화평과 오래 참음과 자비와 양선과 충성과 온유와 절제니 이 같은 것을 금지할 법이 없느니라"(갈 5:22-23)는 구절은 기억하고 묵상할 만한 가치가 있음을 또다시 확인하게 된다. 우리가 늘 예수님과 그분의 사랑, 즐거움, 평안을 생각하게 되면 성령님은 그 열매들이 우리 안에서 무르익을 수 있도록 자비를 베푸실 것이다. 예수님이 우리 안에서, 우리를 통해서 영광을 얻으시는 것이 하나님과 성령님의 커다란 바람이시다. 우리 역시 그것을 간절한 기도와 바람으로 삼아야 한다.

성령은 우리를 완전히 거룩하게 하신다

구약 성경에는 하나님을 삼중적으로 '거룩하신 분'으로 제시하고 있다. 또한 '영'이란 단어는 1백 번 이상 등장하지만 '성령'은 단 세 차례만 언급되었다. 하지만 신약 성경에는 '거룩'이라는 단어가 성령께 일정하게 적용되고 있다. 또한 예수님은 우리가 거룩해질 수 있도록 자신을 거룩하게 하셨다. 그러므로 성령님의 일차적인 사역은 우리를 성화시키는 것처럼 예수님을 우리 안에서 영화롭게 하는 것이다.

교회의 기도 모임이나 개인적인 경건생활을 하다가 성령께서 오신 목적이 우리를 성화시키기 위해서라는 진리를 깊이 묵상해 본 적 있는가? 우리가 이 진리를 받아들이지 못한다면 성령님은 정결하게 하는 사역을 하지 못하신다. 성령께서 조금 더 도움이 되는 쪽으로 움직이고 조금 더 기도하도록 도움을 주는 낮은 수준에서 만족한다면 우리에게 큰 발전이 없다. 성령은 하나님의 거룩하심을 확실하게 나누어줄 목적으로 '거룩한 영'이라는 이름을 가졌다. 그렇기에 우리가 성령을 통해서 완전히 성화될 것이라는 사실을 믿기만 한다면 우리는 성령이 우리 마음에 거하심을 확신할 수 있다.

그러면 어떤 결과를 얻게 될까? 성령께 완전히 사로잡혀야 한다는 생각을 하게 된다. 온종일 그분의 통제를 받고 그대로 따르게 된다. 우리의 모든 삶은 성령 안에서 이뤄질 것이다. 우리의 기도, 신앙, 그리고 하나님과의 교제와 하나님을 위한 모든 사역은 완벽하게 성령님의 통제를 따르게 될 것이다. 거룩한 영이신 성령은 성화시키는 영이기 때문이다.

내가 지금까지 거론한 내용은 심오하고 영원한 진리이다. 우리는 이 진리를 거부감 없이 받아들이고 하루도 거르지 않고 묵상해야 한다. 그러면서 하늘의 지혜를 소유한 영과 하나님이 놀라운 선물로 주시려고 하는 것, 즉 하나님이 성화의 영을 볼 수 있게 허락하실 때까지 기다려야 한다. 그리고 아침마다 천천히, 조용하게 고백해야 한다. "아빠 아버지, 이 새로운 날에 성령을 내려주사 내 안을 새롭게 하여 주옵소서!"

그렇다면 우리가 갈라디아서 5장 22~23절("오직 성령의 열매는 사랑과 희락과 화평과 오래 참음과 자비와 양선과 충성과 온유와 절제니")을 암송하는 것이 어째서 그렇게 중요한지 아는가? 이 구절을 암송하고 성령의 능력에 힘입어서 이 열매를 맺으려고 노력하면, 우리 안에 성령의 열매를 맺고 성령의 열매를 간직하고 싶은 마음이 더욱 간절해지기 때문이다. 하나님께서 허락하신 축복에 대한 기대가 커지게 때문이다.

여기서 성령의 마지막 두 열매인 믿음과 절제를 잠시 생각해보자. 제자들이 예수님께 여쭈었다. "우리는 어찌하여 (귀신을) 쫓아내지 못하였나이까"(마 17:19). 예수님이 대답하셨다.

> "너희 믿음이 작은 까닭이니라. 진실로 너희에게 이르노니 만일 너희에게 믿음이 겨자씨 한 알 만큼만 있어도 이 산을 명하여 여기서 저기로 옮겨지라 하면 옮겨질 것이요. 또 너희가 못할 것이 없으리라"(마 17:20).

제자들의 믿음은 그리 강력하지 못했다. 기도했지만 능력 있는 기도에 필요한 열정과 자기희생은 없었다.

그렇기에 우리가 믿음을 갖고자 한다면 오직 하나님 한 분만 의지해야 한다. 믿음이란 하나님의 말씀을 신뢰하고 매달리며, 하나님께서 이미 약속하신 것을 남김없이 우리 안에서 능력 있게 행하신다고 완벽하게 신뢰하면서 기다리는 것이다. 그러므로 그리스도인의 삶은 믿음으로 채워지는 삶이다.

이제는 절제에 관해서 생각해보자. 절제는 일차적으로 먹고 마시는 것과 관련이 있다. 절제는 대화나 욕구를 제한하고 조심하고 이기심을 버리도록 만든다. 다른 사람들과의 교제에서도 예외는 아니다. 그러므로 우리는 다음의 말을 꼭 명심하며 살아야 한다. "세상의 모든 정욕을 내버리고 모든 면에서 의롭고 경건하고 절제하며 살아라." 우리는 세상과 세상이 주는 유혹을 대할 때마다 절제를, 그리고 하나님의 뜻을 실천할 때는 의를 활용해야 한다. 하나님과 친밀하게 교제하기 위해서 온 힘을 기울여야 한다.

성령께 기도하는 법을 가르쳐 달라고 간구하면 마음이 열리면서 성령의 다른 열매들과 함께 믿음과 절제라는 열매가 주어진다. 그리고 이 열매들은 우리가 하나님이나 다른 사람들과 관계를 유지하며 살아가는 데 영향을 끼친다. 내가 소개한 구절을 암송하고 성령님이 매일 마음에 불어넣는 생각을 통해서 하나님 아버지께 나아가라. 그러면 하나님은 내면의 삶에 성령의 열매를 허락하셔서 우리의 삶 속에서 드러나게 하실 것이다.

우리는 하나님의 말씀에서 인간적인 것과 신적인 것의 놀라운 결합을 확인할 수 있다. 언어는 인간의 것이다. 이해할 수 있는 능력을 갖춘 사람이라면 하나님의 말씀에 담긴 뜻과 진리의 의미를 파악할 수 있다. 하지만 이 모든 것은 인간의 지혜를 활용해야 가능하다. 거룩하신 하나님이 가장 깊은 생각을 우리에게 전달하는 것에는 신적 측면이 존재한다. 육신의 사람은 거기에 도달하거나 이해하지 못한다. "영적인 것으로 분별"해야 하기 때문이다. 그리스도인은 성령을 통해서만 하나님의 말씀에 담긴 신적 진리를 분별할 수 있다.

사도 바울은 하나님이 성경을 읽는 사람들에게 지혜의 영, 즉 성령을 통해서 기록한 말씀을 이해하고, 누구든지 믿기만 하면 역사하시는 하나님의 커다란 능력을 깨달을 수 있는 눈을 허락해 달라고 간절히 기도했다.

오늘날 우리의 신앙이 제대로 힘을 발휘하지 못하고 있다. 사람들이 하나님의 말씀에 담긴 진리를 지적으로 받아들이고 자신의 능력으로 실행하려고 노력하기 때문이다. 또한 신학을 공부하는 학생이 하나님의 말씀이라는 진리를 머리에 담긴 지식으로 받아들이더라도 그 말씀이 예수 안에서 기쁨과 평안을 주지 못하는 것은 마음과 영혼에 영향력을 행사하지 못하기 때문이다. 또한 그것은 신적 진리를 우리에게 계시하실 수 있는 분은 성령 한 분뿐이기 때문이다.

그래서 바울은 하나님의 말씀을 읽거나 묵상할 때 이렇게 기도할 것을 권면했다. "사랑의 하나님, 지혜와 계시의 성령을 허락해 주소서!" 우리가 매일 이런 기도를 한다면 하나님의 말씀은 강력하게 살아 있고 우리의 마음에 변화를 가져올 것이라는 사실을 알게 될 것이다. 하나님의 명령은 언약으로 바뀌게 될 것이다. 하나님의 명령은 무겁지 않고 성령님이 모든 명령을 사랑과 기쁨으로 실천하도록 일러주실 것이다.

예수 그리스도는 우리에게 하나님을 "하늘에 계신 우리 아버지"라고 부르도록 가르치셨다. 예수님은 지상의 자녀들에게 축복을 내려주실 준비를 하고 계신다. 우리 주님은 영광스러운 하늘로 올라가셨고, 그래서 우리는 하늘나라에 마련된 장소에 예수님을 통해서 그분과 함께 앉아 있다는 사실을 알고 있다. 그런 후에 성령님은 하늘의 빛과 사랑과 기쁨과 능력을 우리 모두의 가슴에 쏟아붓기 위해서 하늘에서 찾아오셨다. "하늘로부터 보내신 성령을 힘입어 복음을 전하는 자들"(벧전 1:12).

진정 성령으로 충만한 이들은 내부에 하늘나라의 생명을 보유하고 있다. 하늘나라에서 지내듯이 말과 행동을 한다. 그들은 매일 아버지와 아들과 교제한다. 위에 있는 것을 추구한다. 그들의 생명이 예수님과 함께 하나님 안에 감춰져 있기 때문이다. 성품은 주로 하늘나라를 지향한다. 그들은 영원하고 하늘나라에서 지낼 수밖에 없는 운명이라는 표지를 소유하고 있다.

그렇다면 우리는 이런 하늘나라의 성향을 어떻게 계발할 수 있을까? 그것은 하늘에서 보내심을 받은 성령이 우리 마음에서 하늘나라의 일을 행하시게 하고, 하나님의 낙원에서 성장하는 성령의 열매들을 성숙하게 해야 가능하다. 성령님은 매일 하늘나라에서 하나님과 함께 교제하고 싶은 마음을 불러일으키고, 하늘나라에서 하나님과 함께 거하는 법을 우리에게 가르쳐 주신다. 성령님은 하늘에 계신 영광스러운 그리스도께서 우리 마음에 임재하게 하시고, 내주하시는 그리스도의 임재에 거하도록 교훈하신다.

그리스도인이라면 성령의 지속적인 인도하심을 하나님으로부터 받는 시간을 매일 가져야 한다. 하나님이 우리를 위해서 세상을 이기시게 하고, 하늘나라의 자녀로서 하나님, 예수님과 더불어 하루도 거르지 않고 동행할 수 있는 능력을 허락하시게 해야 한다.

믿음을 버리면 안 된다. 우리가 믿음 안에서 자신을 성령의 통제에 맡기면 성령께서 우리를 위해서 직접 활동하실 것이다. 그러면 우리는 하늘나라의 기쁨을 누리면서 다른 사람들과 교제를 나누고, 그래서 그들이 성령의 인도하심을 받아 예수님의 사랑이라는 하늘의 기쁨을 맛보며 살 수 있도록 도울 수 있을 것이다.

하물며 영원하신 성령으로 말미암아 흠 없는 자기를 하나님께 드린 그리스도의 피가 어찌 너희 양심을 죽은 행실에서 깨끗하게 하고 살아계신 하나님을 섬기게 하지 못하겠느냐. 히브리서 9:14.

성령과 십자가의 관계는 헤아릴 수 없을 만큼 가깝고 풍성한 의미를 지니고 있다. 성령은 그리스도를 십자가로 인도하시고 그곳에서 목숨을 버리게 하셨다. 십자가는 그리스도와 성령에게 지상에서 더는 바랄 수 없는 정점이었다. 십자가는 그리스도께 지상으로 성령이 임하도록 간구할 수 있는 권리를 허락했다. 그리스도께서 죄를 몰아내기 위해서 화목을 실천하셨기 때문이다. 십자가는 성령의 능력을 우리에게 허락하실 수 있는 권리와 능력을 그리스도께 제공했다. 그 위에서 그리스도는 우리를 죄의 능력에서 벗어나게 하셨다.

이것을 간단히 말하면 이렇다. 그리스도께서 우리의 죄와 세상을 위해 죽지 않으셨다면 하늘나라의 축복이나 성령을 부어주시는 게 불가능했다는 사실이다. 예수 그리스도는 하나님 앞에서 살려고 십자가에서 죽으셨다. 그리고 그것은 성령께서 십자가를 우리 마음에 전달하는 방법이었다.

우리가 성령의 능력을 완벽하게 받을 수 있는 것은 그리스도와 함께 십자가에 달렸기 때문이다. 하지만 성령님이 우리를 철저히 소유하지 못하는 것은 세상에 속한 우리가 죽는다는 것이 얼마나 중요한지 제대로 인식하지 못하기 때문이다.

그렇다면 어째서 '성령과의 교제'가 '십자가의 교제'라는 사실을 이해하거나 경험하는 그리스도인이 그렇게 적은 것일까? 그것은 성령과 십자가가 하나라는 사실에 관해서 심오한 영적 통찰력을 얻을 수 있는 지혜의 영을 간구하지 않기 때문이다. 우리는 인간의 지혜를 의지하려고 한다. 하지만 성령을 통해서 거룩한 진리를 가르치시는 하나님을 의지하는 법이 거의 없다.

하지만 우리는 성령께서 그리스도의 십자가로 우리를 데려가서 그분과 더불어 교제를 나누고 세상과 죄에 대해서 죽음으로써 만물이 새로워질 수 있도록 간구해야 한다. 우리가 이것을 행동으로 옮긴다면 실제로 우리는 성령 안에서 생활하고, 걷고, 일하고, 즐거워하며 하나님께 영광을 돌릴 수 있다.

성령과 피, 그리고 마르지 않는 생수

"성령과 물과 피라. 또한 이 셋은 합하여 하나이니라"(요일 5:8). 물은 중생을 통해서 새로워지고 정결해지고 있음을 보여주는 외적인 표지라서 세례에 사용된다. 성령과 피는 서로 다른 두 가지 영적 표현이지만 중생의 순간에는 함께 역사한다. 즉 피는 죄를 용서받는데 영은 본성 전체가 새로워질 때 필요하다. 성령과 피는 서로 어긋나는 법이 없다.

성령과 피가 하나라는 것은 영적이며 진리이다. 우리는 피 덕분에 성령을 얻게 되었고 피를 통해서 구속받고 정결해짐으로써 성령을 받을 수 있게 되었다. 그러므로 피를 통해서만이 확신을 얻고 성령을 간구하는 기도를 하고 받을 수 있다. 만일 그리스도인이 매일 성령님의 인도하심을 담대하게 신뢰하고 싶다면 보혈을 확실하고 강력하게 믿어야 한다.

우리는 어쩌면 자신이 거의 의식하지 못하는 죄를 지었을지도 모른다. 그것은 성령을 근심하게 하고 멀어지도록 만든다. 이것에서 벗어날 수 있는 유일한 방법은 "예수의 피가 우리를 모든 죄에서 깨끗하게 하실 것"(요일 1:7)이라고 믿는 것이다. 우리가 하나님께 나아갈 수 있는 유일한 권리는 어린양의 피 덕분이다. 알고 있든 모르고 있든 간에 남김없이 죄를 가지고 나아가서 예수 그리스도의 보혈에 호소해야 한다. 그것은 사랑을 근거로 우리를 받아들이고 용서하는 유일한 권리이다.

그렇지만 우리는 죄 용서에 만족하지 말고 피로써 가능한 성령 충만함을 받아들여야 한다. 구약 성경에 보면 제사장이 피를 갖고 성소에 들어갔고 대제사장은 지성소에 들어갔다. 이와 마찬가지로 그리스도는 자신의 피를 가지고서 하늘의 성소에 들어가서 거기서 성령을 부어주셨다. 그러므로 우리는 피에 의지해서 성령 충만함으로 나아갈 수 있는 권리가 있음을 알아야 한다. 그리스도의 피로 구속받은 우리는 하나님께 값을 치르고 산 소유처럼 완벽하게 자신을 내려놓고 성령의 거처로 사용할 수 있는 거룩한 그릇이 되어야 한다.

우리 주 예수님은 사마리아 여인과 대화하면서 이렇게 말씀하셨다. "내가 주는 물은 그 속에서 영생하도록 솟아나는 샘물이 되리라"(요 4:14). 하지만 요한복음 7장 38절에서는 훨씬 더 강력한 언약의 말씀을 하셨다. "나를 믿는 자는 성경에 이름과 같이 그 배에서 생수의 강이 흘러나오리라." 생수의 강이 우리 자신에게서 흘러나와 다른 사람들에게 생명과 축복을 가져다준다는 것이다.

요한은 더 나아가서 이것이 그리스도께서 영광을 받으실 때 찾아오는 성령을 가리킨다고 말했다. 왜냐하면 아직 성령이 부어지지 않았기 때문이다. 구약 성경에는 하나님의 영이 거론되었지만 성령은 아직 주어지지 않았다. 예수 그리스도는 성령을 제자들의 가슴에 붓기 전에 먼저 영원한 영을 통해서 자신을 십자가에 바치시고, 거룩한 영을 통해서 죽음에서 부활하시고, 그런 다음에 하나님으로부터 성령을 보낼 수 있는 능력을 받아야 했다.

이와 관련해서 성경은 이렇게 증거한다.

"영원하신 성령으로 말미암아 흠 없는 자기를 하나님께 드린 그
리스도의 피가 어찌 너희 양심을 죽은 행실에서 깨끗하게 하고
살아계신 하나님을 섬기게 하지 못하겠느냐"(히 9:14).

그리고 예수님은 "죽은 자들 가운데서 부활하사 능력으로 하나
님의 아들로 선포"되셨다(롬 1:4). 그리스도께서 죽음을 상대로 승리
함으로써 비로소 우리는 그리스도의 거룩한 영이 지금 내 안에 계신
다고 말할 수 있게 된 것이다.

우리가 생명의 생물과 강에 관한 이 두 가지 놀라운 언약을 경험
하려면 자신의 삶을 주장하는 권리를 포기하고, 예수님과 내적으로
결합하여 사귀기 위해 전적으로 내려놓고, 성령님이 불가능한 일을
해낼 수 있다는 분명한 확신이 있어야 한다. 믿음은 날마다 하나님
의 능력과 예수 그리스도를 의지하여 생수가 흘러나오게 한다.

물이 저수지에서 항상 집으로 흘러넘치게 하려면 한 가지가 꼭
필요하다. 그것은 완벽하게 연결되어야 물이 저절로 파이프를 타고
흐르게 된다는 사실이다. 따라서 예수님과 우리의 연합 사이에 그
무엇도 방해하게 해서는 안 된다. 우리의 믿음이 예수님을 받아들이
고 새로운 삶을 지속할 수 있게 주님을 의지해야 한다. 예수 그리스

도께서 우리에게 성령을 허락하시고, 성령이 축복의 샘처럼 우리 안에 거하신다는 사실을 기뻐하며 확신해야 한다.

세례 요한은 "회개하라. 천국이 가까웠느니라"고 설교하면서 "나는 너희로 회개하게 하기 위하여 물로 세례를 베풀거니와 내 뒤에 오시는 이는 나보다 능력이 많으시니 나는 그의 신을 들기도 감당하지 못하겠노라. 그는 성령과 불로 너희에게 세례를 베푸실 것이요"(마 3:11)라고 말했다. 예수님은 천국 복음을 전파하시면서 이렇게 말씀하셨다. "여기 서 있는 사람 중에 죽기 전에 인자가 그 왕권을 가지고 오는 것을 볼 자들도 있느니라"(마 16:28). 이것이 바로 성령이 부어질 때 일어난 일이었다.

오순절에 베드로는 죄의 회개와 용서의 순전한 복음, 그리고 성령의 선물을 설교했다. "베드로가 이르되 너희가 회개하여 각각 예수 그리스도의 이름으로 세례를 받고 죄 사함을 받으라. 그리하면 성령의 선물을 받으리니"(행 2:38). 이것은 복음을 전하는 데 있어서 필수적이다. 그럴 때 비로소 그리스도인이 하나님의 뜻 안에서 살아가고 무슨 일에서든지 그분을 기쁘게 할 수 있다. 하나님의 나라는 성령을 통해서 주어지는 의(그리스도 안에서)와 기쁨(하나님 안에서)이다. 그리스도께서 "나의 기쁨"이라고 말씀하시는 지속적인 기쁨은 진리의 영이신 성령의 능력을 통해서만 얻을 수 있다.

그런데 온전하지 못한 복음 – 회심과 죄의 용서를 가르치지 않는 복음 – 을 전파하고, 영혼들을 더는 진리로 인도하지 못할 때가 얼마나 많은지 모른다. 우리 안에 계신 성령에 관한 지식과 온전한 삶은 거론조차 하지 않는다. 그래서 많은 그리스도인이 힘을 불어넣어 줄 기쁨을 구하기 위해서는 반드시 매일 성령을 의지해야만 한다는 사실을 이해하지 못하는 것도 당연한 일이다.

우리는 자신을 위해서, 그리고 우리가 섬기는 이들을 위해서 역시 이 진리를 받아들여야 한다. 하나님의 영이 인도하시는 것을 하루도 거르지 않고 즐거워하는 것은 충만한 신앙생활을 하는 데 필수적이라는 사실 말이다. 그리고 영적 생활을 하다가 무엇인가 빠진 것 같은 기분이 들 때는 성령의 선물을 날마다 새롭게 허락해 달라고 즉시 기도해야 한다는 사실 말이다.

그런 뒤에는 온종일 성령의 인도하심을 신뢰하고 기다려야 한다. 갈라디아서 5장 22~23절을 암송함으로써 성령이 우리를 위해 하시게 될 모든 일을 통해서 용기를 얻어야 한다. "오직 성령의 열매는 사랑과 희락과 화평과 오래 참음과 자비와 양선과 충성과 온유와 절제니." 그리고 우리 마음을 계속해서 주님을 위한 정원으로 삼으면 성령님이 하나님의 영광을 위해서 열매를 풍성히 맺으실 것이다.

성령 안에서 하나님을 섬겨라

"하나님의 성령으로 봉사하며 그리스도 예수로 자랑하고 육체를 신뢰하지 아니하는 우리가 곧 할례파라"(빌 3:3). 빌립보서의 이 내용은 기도를 준비하는 데 있어서 큰 도움이 된다. 이미 우리는 성령을 달라는 기도를 하면서 하나님께로 나아갔다. 우리는 성령의 인도하심을 간절히 바랐다. 이제 우리는 자신을 내려놓는 기도를 시작해야 한다.

먼저, 우리는 기도하면서 이 세상에서 허락하신 모든 축복에 관해서 하나님께 감사해야 한다. 우리는 의존할 수밖에 없고 능력 없음을 인정하고 하나님의 사랑과 관심을 신뢰하고 있다는 사실을 고백해야 한다. 하나님이 보고 듣고 계신다는 확신이 들 때까지 그분 앞에서 기다려야 한다.

계속해서 그리스도를 향해서 기도하면서 늘 그분 안에 거할 수 있는 은혜를 간구해야 한다. 우리는 주님 없이 아무것도 할 수 없는 존재이다. 그렇기에 우리는 예수님을 우리의 주님, 우리를 보존하시는 분, 우리의 생명으로 인정하고 하루를 온전히 지켜달라고 맡겨야 한다. 우리는 주님의 무한하신 사랑과 실제로 우리와 함께하시는 그분의 임재를 신뢰해야 한다.

끝으로, 우리는 성령께 기도해야 한다. 우리는 이미 그분의 인도하심을 구하는 기도를 했다. 이제는 아버지와 아들에게 간구한 내용이 실제로 진전될 수 있도록 우리의 믿음이 강해질 수 있기를 간구해야 한다. 성령은 아버지 하나님과 주 예수님의 능력과 은사를 나눠주시는 분이다. 우리에게 필요한 모든 은혜는 성령께서 우리 내부에서 역사하신 데 따른 결과이다.

빌립보서의 본문에 따르면 우리는 영으로 하나님을 섬기고 있다. 우리는 예수님 안에서 자랑하되 육체를 신뢰해서는 안 된다. 우리에게는 선한 일을 할 수 있는 능력이 없다. 우리는 예수님이 성령을 통해서 우리 안에서 역사하시도록 신뢰해야 한다.

이런 내용에 대해서 갈라디아서 5장 22~23절 말씀을 거듭 묵상하면서 거기에 거론된 열매들을 우리 삶에 허락해 달라고 간구하라. 그러면 믿음의 성장에 도움이 될 것이다. "오직 성령의 열매는 사랑과 희락과 화평과 오래 참음과 자비와 양선과 충성과 온유와 절제니 이 같은 것을 금지할 법이 없느니라." 자신을 완벽하게 내려놓는 순간, 성령께서 마음에서 역사하시는 것을 담대하게 믿음으로 받아들일 수 있다.

고린도전서에서 사도 바울은 인간의 세 가지 영적 상태를 이렇게 소개한다. 회심하지 않은 자연인이 있다. 그는 "하나님의 성령의 일들을" 받을 수 없다(고전 2:14). 영적인 사람이 있다. 그는 "영적인 것으로 분별"할 수 있는 사람이다(고전 2:14). 그리고 그 둘 사이에 그리스도 안에 있는 '갓난아기'라고 불리는 육신의 사람이 자리 잡고 있는데("형제들아, 내가 신령한 자들을 대함과 같이 너희에게 말할 수 없어서 육신에 속한 자, 곧 그리스도 안에서 어린아이들을 대함과 같이 하노라." 고전 3:1) 시기와 분쟁 속에서 살아간다. "너희는 아직도 육신에 속한 자로다. 너희 가운데 시기와 분쟁이 있으니 어찌 육신에 속하여 사람을 따라 행함이 아니리요"(고전 3:3). 육체적 그리스도인은 삶 속에 죄를 위한 여지를 남겨둔 사람이다.

그렇지만 하나님은 우리를 일깨우시고 성령님은 우리를 영적인 사람이 되도록 인도하신다. 바꾸어 말하자면 진정한 영적 생활로 나아가고 인도받기 위해서 하루도 거르지 않고 기도하는 사람은 죄의 능력을 벗어나게 된다는 것이다.

예수님이 제자들에게 성령을 약속하셨을 때 그것은 제자들이 성령의 인도하심과 능력에 순종할 것이라고 전적으로 기대하셨기 때문이다. 그리고 그 조건은 그때와 마찬가지로 지금도 같다. 우리가 주저하지 않고 주님의 거룩하게 하시는 능력에 자신을 맡긴다면 성령님은 우리를 날마다 새롭게 하실 것이다. 이것이 얼마나 당연하고 복된 일인지 깨달을 수 있도록 우리가 제대로 눈을 뜰 수 있다면 얼마나 좋겠는가!

많은 그리스도인이 성령을 간구하는 기도를 한다. 하지만 삶 가운데 특정 부분은 여전히 포기하지 않고 어느 정도 제한을 둔다. 그리스도인이라고 한다면 성령님의 인도하심에 자신을 온전히 다 맡겨야 한다. 우리가 먼저 진정으로 그런 자세를 보이면 성령께서 우리를 남김없이 소유하고 보존하여 우리 삶을 거룩하게 하실 것이다. 그러므로 우리는 성령님이 깨닫게 해주셔서 하나님을 섬기는 일에 전적으로 헌신하는 삶의 축복을 확인할 수 있도록 매 순간 기도해야 한다. 어정쩡하게 하나님을 섬겨서는 안 된다.

어느 그리스도인이 회심하고 난 직후에 이런 말을 건넸다. "나는 신앙을 갖게 되면 세상일을 할 수 없다고 줄곧 생각했습니다. 두 가지가 상반되는 것 같았습니다. 나는 어깨에 모래주머니를 메고 포도원에서 땅을 파는 사람이 된 것 같은 기분이었습니다. 하지만 주님을 만나게 되자 매우 기뻐서 아침부터 밤늦게까지 즐겁게 일할 수 있었습니다. 모래주머니는 사라지고 주님이 주신 기쁨이 내가 일하는 데 늘 힘이 되었습니다."

이 말은 정말 중요한 교훈이다. 적지 않은 그리스도인들이 주님의 기쁨을 통해서 보호받고 일할 수 있는 능력을 갖추게 된다는 사실을 제대로 알지 못한다. 심지어 노예의 처지라 하더라도 그리스도의 사랑이 충만해지면 그분이 주신 행복한 마음을 증거할 수 있다.

하지만 우리는 바울의 고백을 묵상하면서 하나님의 나라가 성령을 통해서 어떻게 순수한 기쁨과 평안이 될 수 있는지, 하나님이 "성령의 능력으로… 모든 기쁨과 평강을… 충만하게" 하시는지 살펴봐야 한다.

"하나님의 나라는 먹는 것과 마시는 것이 아니요. 오직 성령 안에 있는 의와 평강과 희락이라"(롬 14:17).
"소망의 하나님이 모든 기쁨과 평강을 믿음 안에서 너희에게 충만하게 하사 성령의 능력으로 소망이 넘치게 하시기를 원하노라"(롬 15:13).

그런 뒤에는 성령님이 우리 마음에 그리스도의 이 즐거움과 평안을 허락하신다는 사실을 확인하려고 노력해야 한다. 대개는 '성령님' 하면 슬픔과 자책, 기대와 실망을 느끼거나 너무 귀하고 거룩해서 가까이할 수 없다고 생각한다. 그러나 그리스도의 기쁨과 평안으로 우리를 지키시는 하나님의 놀라운 선물이 자책과 염려라는 문제가 되어야 한다면 이 얼마나 어리석은 일인가!

갈라디아서 5장 22~23절을 기억하라. "오직 성령의 열매는 사랑과 희락과 화평과 오래 참음과 자비와 양선과 충성과 온유와 절제니." 우리는 매일 성령님의 음성에 조심스럽게 귀를 기울여야 한다. 성령님은 이 놀라운 열매(내 사랑, 내 기쁨, 내 평안)를 맺게 하시는 예수 그리스도께로 우리를 인도하신다. "예수를 너희가 보지 못하였으나 사랑하는도다. 이제도 보지 못하나 믿고 말할 수 없는 영광스러운 즐거움으로 기뻐하니"(벧전 1:8). 그러므로 우리는 성령님이 주님의 기쁨으로 우리를 인도하신다는 사실을 굳게 믿으면서 더할 수 없이 겸손한 모습으로 그분께 기도해야 한다.

사도와 함께 모이사 그들에게 분부하여 이르시되 예루살렘을 떠나지 말고 내게서 들은 바 아버지께서 약속하신 것을 기다리라. 요한은 물로 세례를 베풀었으나 너희는 몇 날이 못 되어 성령으로 세례를 받으리라 하셨느니라. 사도행전 1:4-5.

우리 주 예수 그리스도는 위대한 명령("너희는 온 천하에 다니며 만민에게 복음을 전파하라." 막 16:15)을 내리신 뒤에 최후의 명령을 덧붙이셨다. "너희는 위로부터 능력으로 입혀질 때까지 이 성에 머물라"(눅 24:49). "너희는 몇 날이 못 되어 성령으로 세례를 받으리라"(행 1:5).

그리스도인은 누구나 만민에게 복음을 전하라는 위대한 명령이 제자들뿐 아니라 우리와도 관계가 있다는 사실을 알고 있다. 그렇지만 바로 그 마지막 명령, 즉 위로부터 능력을 받기 전까지 전파하지 말라는 것에는 그다지 관심을 기울이지 않는 것 같다. 그것은 제자들과 마찬가지로 우리에게도 적용되는 명령이다.

교회는 비밀 가운데 비밀을 자신의 몫으로 삼아야 할 소유권을 상실한 것처럼 보인다. 영적 결실이 부족한 설교와 사역을 아주 쉽게 접하는 것도 이 때문이다. 또한 기도를 열심히 하지 않는다는 불평을 흔히 접하고, 사역에 요구되는 위로부터 주어지는 능력을 간구하는 아주 효과적인 기도가 무엇보다 그렇게 드문 것도 바로 이것과 무관하지 않다. 우리는 성령의 능력 안에서 살아갈 때만 성령과 능력을 드러내면서 복음을 전할 수 있음을 하루도 거르지 않고 줄곧 의식해야 한다.

우리는 복되신 주님의 말씀과 사역에서, 그리고 주님의 말씀을 받아들이고 약속이 성취될 때까지 한마음으로 기도해서 성령으로 충만해져야 한다. 그래서 직접 하나님이 처리하실 수 있는 강력한 능력이 무엇인지 입증해낸 제자들의 고백과 사역에서 오순절의 비밀을 배우려고 갈망해야 한다.

더불어 성령의 은총을 간절히 구해야 한다. 성령만이 눈으로 볼 수 없고, 귀로 들을 수 없고, 사람의 생각으로는 이해할 수 없는 것, 즉 하나님이 행하시고 그분을 기다리는 이들을 위해서 즐겨 일하신다는 사실을 우리에게 직접 계시하실 수 있다. 그러므로 우리는 지금은 잃어버린 비밀이 된 뜨거운 기도에 관한 응답으로 성령의 능력이 확실하게 허락될 것이라는 약속을 찾아낼 수 있도록 기도해야 한다.

위로부터 내려오는 성령의 임재

우리 주님은 제자들과 함께 마지막 밤을 지내면서 성령을 보혜사로 보내겠다고 약속하셨다. 비록 몸으로는 함께하지 않더라도 제자들은 주님이 자신들에게 임재하시고 놀라운 방식으로 함께하심을 깨닫게 될 것이다. 하나님이신 성령께서 제자들의 마음에 그리스도를 알려주심으로써 그리스도께서 그들과 계속해서 함께하심을 경험하게 될 것이다. 성령은 그리스도의 영광을 나타내시고 하늘나라의 사랑과 능력으로 영광스럽게 되신 그리스도를 알려주실 것이다.

그리스도인이 이 영광스러운 진리를 얼마나 이해하고 믿고 경험하는지 알 수는 없다. 이런 작은 책이나 설교를 통해서 그리스도인이 예수님을 사랑하도록 격려하고, 동시에 자신의 능력에 의지해서 사역을 감당하는 것이 본연의 임무와 무관하다고 지적하지 않는다면 사역자로서의 구실을 다하지 못하는 것이다. 자신의 힘으로 사역하는 것은 불가능하다. 그것을 가능하게 하시는 분은 오직 성령 한 분뿐이며 성령이 우리 마음에 사랑을 부어주시고 뜨겁게 사랑하도록 가르쳐 주신다. 성령을 통해서 우리는 예수님의 사랑과 언제나 내주하심을 경험할 수 있다.

그렇지만 하나님의 영이 우리를 온전히 소유하셔야 한다는 사실을 명심해야 한다. 성령은 우리의 마음과 삶을 주장하신다. 그분은 능력으로 속사람을 강하게 만들어서 예수 그리스도와 교제를 나눌 수 있게 하시고, 자신의 명령을 지키게 하시며, 그분의 사랑 안에 거하게 하신다.

일단 우리가 이 진리를 깨닫기만 한다면 성령을 철저히 의지하게 되고 하나님께 능력 있는 성령을 보내 달라고 기도하게 될 것이다. 성령은 말씀을 사랑하고 묵상하고 지키도록 우리를 가르쳐주신다. 우리가 순수한 마음으로 뜨겁게 예수님을 사랑할 수 있도록 예수님의 사랑을 알려주신다. 그러면 우리는 번잡한 매일의 삶 속에서 예수님을 사랑하는 삶이 영광스러운 가능성이며 복된 실재라는 사실을 깨닫게 될 것이다.

바울은 그리스도인들에게 자신이 하는 설교의 일차적인 특징은 성령께서 주시는 초자연적인 능력이라고 몇 번이나 반복해서 강조했다. 그는 고린도 교인들에게 이렇게 말했다.

"내 말과 내 전도함이 설득력 있는 지혜의 말로 하지 아니하고 다만 성령의 나타나심과 능력으로 하여 너희 믿음이 사람의 지혜에 있지 아니하고 다만 하나님의 능력에 있게 하려 하였노라"(고전 2:4-5).

성령님은 귀를 기울이는 이들에게 아주 자세히 알려주시기 때문에 그들은 말씀을 "성령의 기쁨으로" 받아들였다. 이것은 영적 생활을 하는 데 있어서 무엇보다 중요한 교훈이다. 우리는 설교를 들을 때 내용을 확인하는 데 주로 집중하다 보니 예배에 참석해서 얻는 축복이 두 가지 일에 달려 있다는 사실을 쉽게 잊어버린다. 첫째, 설교자가 "능력과 성령으로" 전하도록 기도하는 것이다. 둘째, 교인들은 "믿는 자 가운데에서 역사"(살전 2:13)하시는 하나님의 말씀을 받아들일 수 있도록 기도하는 것이다.

인간의 지혜와 감정을 이용해서 말하고 들으면 성령의 능력이 나타나지 않을 때가 많다. 하나님이 자녀를 위해서 마련하신 믿음생활을 영적으로 살필 수 있게 해주는 능력 역시 발휘되지 못할 때가 종종 있다. 그러므로 우리는 우리 삶에서 성령님이 머물러야 할 곳이 어디이며, 하나님이 우리 안에서 행하실 일이 얼마나 완벽한지 확인할 수 있는 지혜의 영과 계시를 남김없이 보여달라고 간절히 기도해야 한다. 하나님은 우리가 이 기도를 익힐 수 있게 도와주신다.

그러면 우리는 예수님이 제자들에게 성령의 능력을 기다리라고 말씀하시면서 "땅끝까지 이르러 내 증인이 되리라"(행 1:8)고 하신 의도를 깨닫게 될 것이다. 그리고 우리는 하나님이 성령의 능력을 사역과 선교와 예배 참석자들에게 임하도록 교훈하시고, 설교를 통해서 성령의 능력이 나타나서 영혼들이 회개하고 거룩해질 수 있도록 간절히 기도하게 될 것이다.

예수님이 제자들에게 말씀하셨다. "나를 떠나서는 너희가 아무것도 할 수 없음이라"(요 15:5). 그렇다면 주님은 어째서 이렇게 무능력하고 도움이 되지 않는 사람들을 택하셔서 자신을 위해서 세상을 정복하도록 파송하신 것일까?

하지만 무기력한 제자들은 자신을 내려놓고 자신의 사역을 통해서 주님의 능력이 드러날 수 있도록 보좌에 계신 그분께 자신을 맡겼다. 예수님이 지상에 계실 때 하나님께서 그 안에서 모든 일을 하신 것처럼 예수님은 하늘에서 놀라운 사역자가 되셔서 하늘과 땅의 모든 권세가 자신에게 주어졌다는 사실을 제자들을 통해서 입증하고 싶어 하셨다. 제자들의 역할은 기도하고 믿고 자신들을 예수님의 강력한 능력에 맡기는 것뿐이었다.

한편 성령은 제자들이 소유할 수 있는 능력을 갖췄을 때 그들 안에 임하시려고 하지 않았다. 오히려 그들을 소유하고 그들의 사역이 전능하신 그리스도의 사역이 되기를 진정으로 바라셨다. 이때 제자들은 매일 끊임없이 의지하고 기도하며, 그리고 확신에 찬 기대감을 유지해야 했다.

제자들은 실제로 예수님을 친밀하게 아는 법을 익혔다. 예수님의 강력한 사역을 모두 목격했다. 그들은 예수님의 교훈을 받았고 모든 고난의 자리까지 따라갔다. 심지어 십자가의 죽음까지 목격했다. 그리고 부활하신 예수님을 눈으로 보았을 뿐 아니라 부활의 능력과 마음으로 경험한 부활을 통해서 그분을 알게 되었다. 그렇지만 예수님이 하늘의 보좌에서 성령을 보내어 그 안에 거하시기 전까지 그들은 주님을 온전히 알지 못했다.

그렇기에 그리스도인은 마음에 예수님을 계시하는, 내주하시는 성령의 생명과 능력 이외에는 그 무엇에도 만족해서는 안 된다. 오직 성령만이 능력 있는 영적 삶을 사는 데 유일한 분이시기 때문이다. 또한 예수님이 전능하신 능력으로 우리를 빌어서 말씀하시지 않는다면 새로운 언약(복음)을 증거해서 그것을 듣는 이들을 구원하는 일이 불가능하기 때문이다.

성령의 거룩한 능력을 체험하라

제자들과 함께 마지막 날 밤을 보내시면서 우리 주님은 위로자 성령을 보내주겠다고 약속하셨다. 비록 주님이 육신으로 계속해서 함께하실 수는 없지만 제자들은 아주 놀라운 방식으로 주님의 임재를 맛보게 될 것이다. 성령께서 제자들의 마음속에 예수님을 너무나 생생하게 계시해 주셔서 제자들은 자신과 함께하시는 주님의 임재를 매 순간 경험하게 될 것이다. 성령님은 예수님을 영화롭게 하실 것이며 천상의 사랑과 권능 안에 머물러 계시는 영화로우신 그리스도를 계시하실 것이다.

그리스도인들이 이런 영광스러운 진리를 얼마나 잘 이해하지 못하며 믿지 못하며 경험하지 못하는지 모른다. 만약 목회자들이 이와 같은 책이나 설교에서 온 마음을 다하여 우리 주 예수 그리스도를 사랑하라고 격려하지 않는다면, 그와 동시에 오직 자기 힘만으로는 그 사랑을 실행할 수 없다고 경고하지 않는다면 목회자들은 자신의 의무를 소홀히 하는 것이다. 그럴 수는 없다. 그것은 불가능한 일이다. 우리 마음속에 그분의 사랑을 부어주면서 그분을 뜨겁게 사랑하도록 가르쳐주는 것은 오직 성령 하나님뿐이시다.

> "소망이 우리를 부끄럽게 하지 아니함은 우리에게 주신 성령으로 말미암아 하나님의 사랑이 우리 마음에 부은 바 됨이니"(롬 5:5).

바로 그 성령을 통하여 우리는 온종일 그리스도의 사랑과 지속적인 임재를 경험할 수 있게 된다. 그러나 하나님의 성령이 우리를 완전히 소유하셔야 한다는 사실을 기억해야 한다. 그분은 우리 마음과 삶을 송두리째 갖기 원하신다. 그분은 온 힘을 다하여 우리 속사람을 강하게 하셔서 우리가 날마다 예수님과 교제를 나누고 그분의 계명을 지키며 그분의 사랑 안에 거할 수 있도록 도와주신다.

> "그의 영광의 풍성함을 따라 그의 성령으로 말미암아 너희 속사람을 능력으로 강건하게 하시오며"(엡 3:16).

일단 이와 같은 진리를 이해하고 나면 우리는 스스로 성령을 깊이 의뢰하고 있다고 느끼기 시작할 것이며, 우리 마음속에 성령이 권능으로 임하시게 해달라고 하나님 아버지께 간구하게 될 것이다.

성령님은 말씀을 사랑하고 묵상하고 지키도록 우리를 가르치실 것이다. 성령님은 우리에게 예수 그리스도의 사랑을 계시하셔서 "마음으로 뜨겁게"(벧전 1:22) 그분을 사랑할 수 있게 하실 것이다. 그런 후에야 우리는 일상의 여러 가지 분주하고 산만한 일들을 처리하는 중에도 예수님의 사랑이 영광스럽고 복된 현실로 다가올 수 있다는 사실을 깨닫기 시작할 것이다.

기도는 우리 일이 아니라 하나님의 일이다. 하나님은 전능하신 능력으로 우리 안에서 일하신다. 이 말씀을 곰곰이 묵상해보면 우리는 기도할 때 성령께서 우리 연약함을 도우셔서 "말할 수 없는 탄식으로" 우리 안에서 간구하시도록 잠잠히 기다리면서 기대해야 한다는 뜻이다.

> "이와 같이 성령도 우리의 연약함을 도우시나니 우리는 마땅히 기도할 바를 알지 못하나 오직 성령이 말할 수 없는 탄식으로 우리를 위하여 친히 간구하시느니라. 마음을 살피시는 이가 성령의 생각을 아시나니 이는 성령이 하나님의 뜻대로 성도를 위하여 간구하심이니라"(롬 8:26-27).

이 얼마나 놀라운 은혜란 말인가! 내 기도에 너무나 많은 결점이 있다고 느낄 때, 나 스스로 기도할 만한 힘이 없다고 생각될 때 성령께서 나에게 기도하는 법을 가르쳐주실 것이라고 확신하면서 하나님 앞에 조용히 꿇어 엎드릴 수 있다니! 이 성령은 기도의 영이시다. 기도는 내 일이 아니라 내 안에서 이루어지는 하나님의 일이다. 내가 기도하고 싶다는 갈망을 느낀다는 것은 하나님이 나에게 귀를 기울이실 것이라는 신호이기도 하다.

하나님이 우리의 요청을 허락하시기 위하여 움직이실 때 그분은 먼저 우리 마음속에서 갈망이 생겨나도록 일하신다. 그리고 성령님은 우리가 아무리 연약한 가운데 있더라도 그 일을 온전하게 하신다. 우리는 이것을 야곱의 이야기에서 살펴볼 수 있다. 야곱과 싸우면서 축복을 허락하시지 않을 것처럼 보였던 바로 그분은 실제로 야곱을 강하게 만들어 계속해서 기도하는 가운데 하나님을 설복시키도록 하셨다.

"야곱은 홀로 남았더니 어떤 사람이 날이 새도록 야곱과 씨름하다가 자기가 야곱을 이기지 못함을 보고 그가 야곱의 허벅지 관절을 치매 야곱의 허벅지 관절이 그 사람과 씨름할 때에 어긋났더라. 그가 이르되 날이 새려하니 나로 가게 하라. 야곱이 이르되 당신이 내게 축복하지 아니하면 가게 하지 아니하겠나이다. 그 사람이 그에게 이르되 네 이름이 무엇이냐. 그가 이르되 야곱이니이다. 그가 이르되 네 이름을 다시는 야곱이라 부를 것이 아니요 이스라엘이라 부를 것이니 이는 네가 하나님과 및 사람들과 겨루어 이겼음이니라. 야곱이 청하여 이르되 당신의 이름을 알려주소서. 그 사람이 이르되 어찌하여 내 이름을 묻느냐 하고 거기서 야곱에게 축복한지

라. 그러므로 야곱이 그곳 이름을 브니엘이라 하였으니 그가 이르기를 내가 하나님과 대면하여 보았으나 내 생명이 보전되었다 함이더라"(창 32:24-30).

이 얼마나 경이로운 생각이란 말인가! 기도는 삼위일체 하나님의 일이다. 성부 하나님은 우리의 갈망을 일깨우셔서 우리에게 필요한 모든 것을 허락하신다. 성자 하나님은 그분의 중보기도를 통하여 우리에게 그분의 이름으로 기도하는 법을 가르쳐 주신다. 그리고 성령 하나님은 은밀한 중에 우리의 연약한 갈망을 강하게 하신다. 이제 우리에게는 말할 수 없는 탄식으로 우리의 기도를 도우시는 기도의 성령이 계신다. 우리는 성령을 통하여 지속해서 기도하는 삶을 살 수 있게 된다. 하나님께 감사하라! 성령은 우리 마음속에 머물러 계시면서 우리에게 기도하는 법을 가르쳐 주시기 위하여 하늘에서 허락하신 분이다.

그리스도인들이여, 성령님의 인도하심에 귀를 기울여라. 모든 일에 말씀하시는 그분의 음성에 귀를 기울여라. 성령님이 당신을 기도의 사람으로 세워주실 것이다. 그러면 당신은 주변에 있는 사람들을 위하여, 교회를 위하여, 구원받지 못한 온 세상을 위하여, 하나님의 위대한 일을 위하여 간구하는 중보자로 부르시는 그분의 부르심이 얼마나 영광스러운 일인지를 깨닫게 될 것이다.

또한 성령님은 우리에게 사랑을 부어주신다. 우리를 향한 예수님의 사랑, 예수님을 향한 우리의 사랑, 그리고 동료 그리스도인들이나 주변의 죽어가는 영혼들을 향한 우리의 사랑을 주의 깊게 살펴볼 때, 때때로 이와 같은 생각을 떠올리게 된다. "그에 대한 필요는 매우 크고 많지만 거기까지 도달하기란 굉장히 어려운 일이야. 아무리 그리스도인이라도 이와 같은 사랑의 삶을 살면서 다른 영혼들의 필요를 채워주기란 거의 불가능해"라고 말이다. 그러니까 그 사랑이 불가능하다고 간주하기 때문에, 그리고 하나님의 약속에 대한 불신앙과 나약한 믿음 때문에 우리는 이와 같은 사랑의 영을 키워가는 데서 거의 별다른 진전을 보이지 못하고 있다.

그러므로 우리는 자신의 힘으로는 아무리 진지한 생각으로도 예수님의 사랑을 억지로 얻을 수 없다는 사실을 계속해서 상기해야 한다. 우리는 "우리에게 주신 성령으로 말미암아 하나님의 사랑이 우리 마음에 부은 바 되었다"는 진리를 항상 되새겨야 한다. 오직 성령님의 인도하심에 전적으로 굴복할 때라야 하나님의 뜻에 따라 살아갈 수 있게 될 것이기 때문이다. 사랑에 기초한 이러한 내적 삶을 통하여 날마다 새로워질 때라야 우리는 영혼들을 위하여 일할 수밖에 없다고 느끼게 될 것이기 때문이다.

여기에 당신이 올려드릴 수 있는 기도가 있다.

"이러므로 내가 하늘과 땅에 있는 각 족속에게 이름을 주신 아버지 앞에 무릎을 꿇고 비노니, 그의 영광의 풍성함을 따라 그의 성령으로 말미암아 너희 속사람을 능력으로 강건하게 하시오며 믿음으로 말미암아 그리스도께서 너희 마음에 계시게 하시옵고 너희가 사랑 가운데서 뿌리가 박히고 터가 굳어져서 능히 모든 성도와 함께 지식에 넘치는 그리스도의 사랑을 알고 그 너비와 길이와 높이와 깊이가 어떠함을 깨달아 하나님의 모든 충만하신 것으로 너희에게 충만하게 하시기를 구하노라(엡 3:14-19).

우리가 이 사랑에 "뿌리가 박히고 터가 굳어져서" "지식에 넘치는" 사랑을 알 수도 있지만 단 한 가지 조건 위에서만 그럴 수 있다. 곧 우리 "속사람이" 성령으로 강해져서 예수님이 우리 마음속에 거하실 수 있도록 순종할 때만 말이다. 그러면 우리는 실제로 "사랑 가운데서 뿌리가 박히고 터가 굳어지게" 될 것이다.

그리스도인들이여, 하나님의 말씀으로부터 이 메시지를 받으라. 그리하여 이 말씀이 당신의 삶에 영향을 미치도록 하라. 만약 날마다 무릎 꿇고 성령께서 당신 마음속에 계시하시도록 하나님을 고대하지 않는다면 이와 같은 사랑 안에서 살아갈 수 없다.

오직 성령으로 충만함을 받으라

"그러므로 어리석은 자가 되지 말고 오직 주의 뜻이 무엇인가 이해하라. 술 취하지 말라. 이는 방탕한 것이니 오직 성령으로 충

만함을 받으라. 시와 찬송과 신령한 노래들로 서로 화답하며 너
희의 마음으로 주께 노래하며 찬송하며 범사에 우리 주 예수 그
리스도의 이름으로 항상 아버지 하나님께 감사하며 그리스도를
경외함으로 피차 복종하라"(엡 5:17-21).

만일 "오직 성령으로 충만함을 받으라"는 표현이 단지 오순절 이
야기에만 적용된다면 우리는 그것을 무슨 특별한 것으로 여기면서
일상적인 삶을 의미하는 게 아니라고 생각할 수도 있다. 그러나 앞
서 제시된 성경 말씀은 모든 그리스도인의 일상이 그렇게 되기를 바
란다는 뜻임을 우리에게 가르쳐준다.

이것을 좀 더 충분히 깨닫기 위하여 성령은 예수 그리스도 안에
서 어떤 분이셨는지, 어떤 조건 아래서 인자 예수님이 성령으로 충
만해지셨는지를 한 번 생각해보라. 예수님이 기도하는 가운데 그분
자신을 하나님께 희생제물로 드렸을 때, 그리고 죄인의 세례를 받으
셨을 때 성령을 받으셨다.

성령으로 충만해진 예수님은 40일 동안 금식하는 가운데 육신의
필요를 희생하면서 자유롭게 하나님 아버지와 교제할 뿐만 아니라
사탄에게 승리를 거둘 수 있는 데까지 이끌려 가셨다. 예수님은 굉
장히 굶주렸을 때조차도 그분의 권능을 사용하여 빵을 만들어 굶주
림을 해결하라는 사탄의 유혹을 거부하기까지 하셨다. 그리하여 성
령께 이끌려 영원하신 영으로 하나님께 아무 흠 없이 그분 자신을

내드리기까지 모든 생명을 아끼지 않으셨다. 그렇기에 성령님은 예수님 안에서 기도, 순종, 희생제물을 의미한다.

그와 마찬가지로 예수님을 따르고, 우리 안에 그분의 마음을 품고, 그분의 생명을 다시 살려내려고 한다면 우리는 일용할 양식으로 성령 충만을 받으려고 노력해야 한다. 다른 어떤 방식으로도 우리는 순종, 기쁨, 자기희생의 삶을 살 수 없으며 능력 있게 섬기는 삶을 살 수 없다.

성령 충만이 특별하게 나타나는 때도 있을 수 있지만, 오직 날마다 종일토록 성령님의 인도하심을 받는 때라야 우리는 예수님 안에 거할 수 있으며 육신과 세상을 정복할 수 있다. 그리고 기도하는 가운데 하나님과 더불어 살아가며 겸손하게 열매 맺는 거룩한 섬김으로 섬기는 가운데 다른 사람들과 더불어 살아갈 수 있다.

다른 무엇보다 "볼지어다. 내가 세상 끝날까지 너희와 항상 함께 있으리라"(마 28:20)는 예수 그리스도의 말씀이 완벽하게 이해되고 경험될 수 있는 것은 오직 우리가 성령으로 충만해질 때이다. 아무도 이것이 너무 높은 차원의 이야기라거나 불가능하다고 생각하지 않도록 주의해야 한다. "무릇 사람이 할 수 없는 것을 하나님은 하실 수 있느니라"(눅 18:27).

그런데 우리가 그것을 즉각적으로 얻을 수 없는 경우라면 적어도 끊임없는 기도, 어린아이 같은 단순한 믿음을 명확한 목표로 삼아 거룩한 결단을 해야 한다. "볼지어다. 내가 세상 끝날까지 너희와 항상 함께 있으리라"는 말씀은 성령의 확실하고도 아주 넉넉한 도우심으로 우리 일상에서도 그대로 이루어지기를 바란다는 뜻을 담고 있다. 그러므로 예수 그리스도를 믿는 우리의 믿음은 성령 충만을 위한 척도가 될 것이다. 그리고 우리 안에 계신 성령의 권능에 대한 척도는 예수님의 임재에 대한 우리 경험의 척도로 자리 잡게 될 것이다.

그리스도인들이여, 하나님의 말씀으로부터 이 메시지를 받으라.
그리하여 이 말씀이 당신의 삶에 영향을 미치도록 하라.
만약 날마다 무릎 꿇고 성령께서 당신 마음속에 계시하시도록
하나님을 고대하지 않는다면 이와 같은 사랑 안에서 살아갈 수 없다.
기도는 당신이 예수님의 사랑, 동료 성도들을 향한 사랑,
영혼들을 향한 사랑이라는 복된 실재를 경험하도록 인도할 것이다.

P·a·r·t·4

내면세계의 질서를
회복의 영성

그러므로 우리가 낙심하지 아니하노니 우리의 겉사람은 낡아지나 우리의 속사람은 날로 새로워지도다. 고린도후서 4:16.

외면적 행동은 숨겨진 내면의 가시적인 표현이다. 일반적으로 외면적인 것은 내면적인 것에 앞서 드러난다. 그것을 통해 내면적인 것이 계발되고 그 충만한 완전에 도달하게 된다. 이와 관련해서 사도 바울은 이렇게 말했다. "그러나 먼저는 신령한 사람이 아니요. 육의 사람이요. 그 다음에 신령한 사람이니라"(고전 15:46). 이러한 내면적인 것과 외면적인 것 사이의 올바른 관계를 이해하고 유지하는 것은 그리스도인의 삶에 있어서 가장 중요한 비밀 중 하나이다.

만약 에덴동산에서 아담과 하와가 뱀의 소리를 듣지 않았다면 그들의 시도는 내면생활의 완전으로 귀착되었을 것이다. 그들의 비극과 죄의 원인은 그들이 보이는 세상에서 가시적인 능력을 찾았기 때문이다. 아담과 하와는 숨겨진 하나님의 행복, 하나님의 명령을 존중히 여기는 내적인 삶을 추구하지 않았다. 대신에 그들은 주어진 선과 악에 관한 지식을 즐거워하는 그들을 둘러싸고 있는 세상을 더욱 열망했다.

내면세계, 당신 안에 숨겨진 보화

가장 모욕적인 우상주의에서부터 유대주의와 기독교의 부패에 이르기까지 모든 잘못된 종교는 이러한 세상의 열망 안에 그 뿌리가 있다. 외면적인 것은 세상이 아니라 하나님이 마음속에 주신 숨겨진 지혜, 내면적인 부분 안에 있는 진리에서 비롯되어야 한다.

신약 성경에는 내면생활의 중요성을 계시하고 있다. 새 언약의 약속들은 다음과 같다.

"그러나 그 날 후에 내가 이스라엘 집과 맺을 언약은 이러하니 곧 내가 나의 법을 그들의 속에 두며 그 마음에 기록하여 나는 그들의 하나님이 되고 그들은 내 백성이 될 것이라. 여호와의 말씀이니라"(렘 31:33).

"또 새 영을 너희 속에 두고 새 마음을 너희에게 주되 너희 육신에서 굳은 마음을 제거하고 부드러운 마음을 줄 것이며 또 내 영

을 너희 속에 두어 너희로 내 율례를 행하게 하리니 너희가 내 규
례를 지켜 행할지라"(겔 36:26-27).

우리 주 예수님의 약속은 다음과 같다.

"그는 진리의 영이라. 세상은 능히 그를 받지 못하나니 이는 그를
보지도 못하고 알지도 못함이라. 그러나 너희는 그를 아나니 그
는 너희와 함께 거하심이요. 또 너희 속에 계시겠음이라. …그
날에는 내가 아버지 안에, 너희가 내 안에, 내가 너희 안에 있는
것을 너희가 알리라"(요 14:17,20).

기독교는 하나님이 그 아들의 영을 마음속에 보내시고 하나님의
사랑을 마음속에 쏟아부으셔서 참된 구원을 발견하게 하시는 내면
적인 종교이다. 기도의 골방, 하나님과의 비밀스러운 교제는 내면생
활을 상징하는 것이며 우리의 영적 훈련학교이다. 그렇기에 매일 신
실하게 내적 기도의 골방을 사용한다면 내면에 숨겨진 생명을 강하
게 할 수 있다.

종교에서 가장 위험한 것은 내면적인 실제보다 외적인 경험에
더욱더 많은 시간과 관심을 두는 것이다. 그것은 성경 공부에 대한
우리의 강렬함이 아니다. 그것은 참된 영적 생활의 절대적 구성 요
소가 되는 기도나 선한 일의 빈번함이나 열심도 아니다. 오직 우리

가 깨달아야 할 필요가 있는 것은 하나님은 영이시라는 것이다. 또한 우리 안에서 하나님을 알 수 있게 하고 받아들일 수 있게 하는 영이 있다는 사실이다. 그래서 우리는 하나님을 확실하게 닮아갈 수 있는 것이다. 우리는 하나님의 성품으로써 선함과 사랑의 특성에 참여자가 될 수 있다.

우리의 구원은 외적이고 동시에 내적인 새사람 안에 있는 예수 그리스도의 성품, 생명, 영의 나타남 속에 존재하고 있다. 오직 이것만이 우리의 영혼 속에서 하나님의 생명을 회복하고 되찾는 길이다. 우리는 어디로 가든지 무엇을 하든지 간에, 집에서든지 일터에서든지 간에 모든 것에서 하나님의 성품을 닮기 위해 예수님과의 연합을 열망해야 한다. 오직 우리의 영혼 속에 예수님의 생명과 영혼이 증가되기를 열망해야 한다. 우리 안에 있는 모든 것이 거룩한 예수님의 영으로 변화되기를 열망해야 한다.

우리의 내면에 가진 보화, 영원한 하나님의 말씀과 세상의 구원자를 생각해보라. 이것은 우리 안에 있는 죄와 죽음을 극복하고 우리의 영혼 속에 하늘의 생명으로 중생하게 도와주는 거룩한 성격의 씨앗으로서 우리 마음속에 숨겨져 있다. 당신의 마음을 들여다보라. 당신 마음속에서 그 구원자, 하나님을 발견하게 될 것이다.

우리는 지금까지 하나님을 볼 수도 느낄 수도 없었다. 그동안 우리는 하나님을 책 속에서, 교회 안에서, 보이는 종교적인 존재들 속에서 추구해왔다. 그러나 우리의 마음속에서 먼저 그분을 발견하기 전까지는 하나님을 절대 발견하지 못할 것이다. 그러므로 우리는 우리의 마음속에서 먼저 하나님을 추구해야 한다. 그것은 결코 헛된 몸짓이 아니다. 하나님은 성령으로 말미암아 우리의 마음에 거하시기 때문이다.

매일 회복의 능력을 덧입어라

매일 새날과 더불어 자연의 생명은 새롭게 된다. 마치 태양이 빛과 따뜻함을 반복해서 일으키듯, 꽃이 피고 새들이 노래하듯 자연의 생명도 어느 곳에서든지 강렬하게 움직인다. 우리도 잠의 휴식에서 깨어 아침을 먹듯이 매일 새로운 영적 능력을 공급받아야 한다.

우리의 내면생활은 매일 새롭게 되어야 한다. 그런데 영적인 생명의 에너지를 유지하고 성장하게 하는 것은, 오직 하나님의 말씀으로부터 오는 새로운 영양분을 공급받고 기도 중에 하나님과 새롭게 교제하는 것이다. 우리의 외적인 사람은 후패했고 일에 대한 우리의 노력도 다 소모되었지만 내적인 사람은 날마다 새롭게 될 수 있다.

말씀과 기도로 함께하는 조용한 시간과 장소는 매일 새롭게 되기 위한 통로이다. 이러한 통로가 효율적으로 되기 위해서는 우리 안에서 역사하시는 강력한 하나님의 능력인 성령으로 말미암아 행해야만 한다. 우리는 디도서에서 "중생의 씻음과 성령의 새롭게 하심으로 구원을 받는다"는 것을 배우게 된다. 중생은 그리스도인의 생활을 시작하게 하는 위대한 비결이다. 또한 성령의 새롭게 하심은 계속해서 영원히 수행되는 일이다.

우리는 로마서 12장에서 마음을 새롭게 함으로 그리스도인의 생활에서 계속된 변화가 일어나게 할 수 있음을 본다.

"너희는 이 세대를 본받지 말고 오직 마음을 새롭게 함으로 변화를 받아 하나님의 선하시고 기뻐하시고 온전하신 뜻이 무엇인지 분별하도록 하라"(롬 12:2).

에베소서 4장 22~23절의 "옛사람을 벗어 버리고"라는 말씀이 한 번만 이루어지는 행위를 의미하지만, "오직 너희의 심령이 새롭게 되어"라는 로마서의 말씀은 현재시제를 나타내며 진행 중인 행위를 의미한다.

또한 우리는 골로새서 3장 10절에서 "새 사람을 입었으니 이는 자기를 창조하신 이의 형상을 따라 지식에까지 새롭게 하심을 입은 자니라"는 말씀을 보게 된다. 이것은 우리가 기도의 골방에서 내적인 사람이 매일 새롭게 된 축복된 영혼을 의지할 때 비로소 그리스도인의 삶을 영위할 수 있다는 뜻이다.

우리의 개인적인 기도에서 모든 것은 축복된 삼위일체의 세 인격과 진실한 관계를 유지하는 것에 달려 있다. 오직 성령으로 말미암아 아버지와 아들은 구원하시는 사랑의 사역을 하실 수 있다. 그리고 성령을 통해 그리스도인은 하늘의 일을 할 수 있다. 이 관계는 믿음과 순종이라는 단순한 두 단어로 표현될 수 있다.

성경은 믿음에 대해 이렇게 말한다. "너희가 아들이므로 하나님이 그 아들의 영을 우리 마음 가운데 보내사 아빠 아버지라 부르게 하셨느니라"(갈 4:6). 그렇기에 매일 아침 경건의 시간에 아버지를 기쁘시게 하는 기도를 드리는 하나님의 자녀는 그가 기도의 영을 통해 성령을 받았다는 사실을 기억해야 한다. 성령의 도우심은 우리가 기도를 효율적으로 할 수 있도록 만든다. 이것은 또한 하나님의 말씀과 함께한다. 그렇기에 진리와 능력을 거룩한 의미로 우리에게 계시하실 수 있고 그 사역을 우리 마음속에서 행하실 수 있는 분은 오직 성령뿐이시다.

매일 아침 경건의 시간에 내면적인 사람이 실제로 새롭게 되기를 원한다면 우리는 온 마음을 다해 묵상하고 예배하며 하나님을 믿기 위한 시간을 가져야 한다. 우리 안에 있는 성령을 믿어라. 성령께서 그렇게 하실 것이다. 하나님은 성령을 통해 우리에게 축복을 내려주실 것이다. 그리고 성령님은 그 축복을 기도와 말씀을 통해 우리에게 주실 것이다.

성령님은 순종을 통해 우리에 대한 완전한 통제권을 가지고 계심을 잊지 마라. "무릇 하나님의 영으로 인도함을 받는 사람은 곧 하나님의 아들이라"(롬 8:14). 세상에 빛을 줄 수 있고 우리가 하나님을 기쁘시게 하는 어린아이와 같은 확신과 순종의 축복된 생활을 유지할 수 있게 하는 것은 성령을 슬프게 하지 않는 것이다. 이러한 놀라운 은혜, 성령의 새롭게 하시는 능력을 찬양하자. 내면적인 사람을 진정으로 날마다 새롭게 할 수 있는 장소로써 내적인 기도의 골방이 새로운 기쁨과 소망이 되게 하자. 우리의 생활은 날마다 새롭게 유지되어야 한다. 그리고 우리는 하나님께 영광을 돌리기 위해, 더 많은 열매를 맺기 위해 계속해서 강건해져야 한다.

그렇기에 우리는 성령이 누구신지, 성령이 하시는 일이 무엇인지를 알아야 한다. 성령은 우리에게 하나님의 생명을 가져다주고, 우리의 깊은 내면의 존재 속에 그 자신을 숨기며, 우리와 성령이 하나 되게 하는 일을 행하신다. 그리고 우리 안에서 하나님의 강력한 능력이 되셔서 우리의 전 존재를 조절하신다. 이때 우리는 오직 한 가지 일, 즉 하나님의 인도하심에 단순히 순종만 하면 된다. 참으로 순종하는 영혼은 매일매일 새롭게 하시는 성령으로 말미암아 온전한 성장, 강건함, 그리고 즐거움을 발견하게 될 것이다.

너희가 서로 거짓말을 하지 말라. 옛사람과 그 행위를 벗어 버리고 새 사람을 입었으니 이는 자기를 창조하신 이의 형상을 따라 지식에까지 새롭게 하심을 입은 자니라. 골로새서 3:9-10.

세상의 모든 추구에서 "하나님의 형상으로 새롭게 되는 것"을 목적으로 명확히 규정되는 것은 그리스도인의 기본이다. 거기에 움직임과 진행이 있다는 것만으로는 충분하지 않다. 우리는 그 움직임이 올바른 방향으로 나아가고 있는지 알아야 한다. 우리가 다른 사람과의 파트너 관계에서 그를 의존하게 될 때 우리는 서로의 목표가 같다는 사실을 알게 된다. 만약 우리가 매일 새롭게 됨으로써 그 목적을 달성하게 된다면 우리는 그 목적이 무엇인지 분명히 알고 확실히 붙잡아야 한다.

"너희는 옛사람을 벗어버리고 지식에까지 새롭게 하심을 받은 자니라." 우리 안에서 역사하시는 성령의 거룩한 생명은 보이지 않는 힘이 아니다. 우리는 하나님과 함께하는 사역자가 될 수 있다. 우리의 협력은 지적인 것이고 동시에 자원하는 것이 되어야 한다. 새사람은 날마다 지식에까지 새롭게 되어야 한다. 그 지식은 생명과 능력 없는 것이 아니라 하나님의 말씀으로 끌어당기는 힘이 있다.

성령의 새롭게 하심은 이러한 참된 지식을 가져다준다. 이것은 말씀이 살아 있는 형상이라는 사실을 내적으로 겪어보는 살아 있는 경험을 포함한다. 비록 우리가 성경 공부에 부지런하다 할지라도 참된 지식은 성령의 새롭게 하심이 경험되어질 때만이 얻게 되는 것이다. 심령의 새롭게 함, 그 생명 안에서, 그리고 내적인 존재 안에서 새롭게 되는 것만이 오직 거룩한 참된 지식을 가져올 수 있다.

하나님의 형상으로 새롭게 돼라

오직 우리를 새롭게 하는 것이 우리의 목적이 되게 하는 영적인 지식은 어떤 유형으로 계시되는가? "새사람은 그를 창조하신 이의 형상을 좇아 지식에까지 새롭게 되는 것이다." 그 형상, 하나님의 모습은 날마다 새롭게 하시는 성령의 목적 중 하나이다. 그것은 또한 새롭게 하심을 추구하는 믿은 자들의 목적이 되어야 한다.

이것이 바로 하나님이 우리를 창조하신 목적이다.

"하나님이 이르시되 우리의 형상을 따라 우리의 모양대로 우리가 사람을 만들고 그들로 바다의 물고기와 하늘의 새와 가축과 온 땅과 땅에 기는 모든 것을 다스리게 하자 하시고"(창 1:26).

하나님은 인간들 속에서 자신의 완전한 형상을 재생하시기 위해 그 자신의 생명을 인간 속에 불어넣으셨다. 예수님 안에서 하나님의 형상은 인간의 형체 속에 보였고 계시되었다. 우리는 예정되었고 구속되었고 부르심을 받았다. 우리는 아들의 형상으로 형성되기 위해, 하나님의 모방자가 되기 위해, 그리고 심지어 예수님의 발걸음처럼 걷게 하려고 성령으로 가르친 바 되고 준비되고 있다. 우리는 매일 새롭게 하심이 일어나고, 매일의 성경 공부와 기도를 가치 있게 하려고 우리 마음을 하나님 자신에게 고정시켜 놓으신 것에 집중해야 한다. 우리는 자신을 창조하신 자의 형상을 좇아 매일 새롭게 되는 것을 열망해야 한다.

우리는 에베소서에서 이와 똑같은 말씀을 보게 된다.

"오직 너희의 심령이 새롭게 되어 하나님을 따라 의와 진리의 거룩함으로 지으심을 받은 새 사람을 입으라"(엡 4:23-24).

의로움은 하나님이 죄를 미워하시고 올바른 것을 유지하신다는 의미이다. 거룩함은 하나님의 의로움과 사랑의 완전한 조화, 만물

위에 하나님의 무한한 위엄, 그와 함께하는 하나님의 완전한 하나됨 속에서 하나님의 영광을 의미한다.

인간들 편에서 의로움은 그분과 우리 인간들을 향한 우리의 책임에 관한 하나님의 모든 뜻을 포함하고 있다. 거룩함은 우리의 개인적인 하나님과의 관계를 포함하고 있다. 우리는 마치 새사람이 창조된 것처럼 매일 하나님의 의로움과 거룩함에 이르기까지 새롭게 되어야 한다. 성령님은 우리 안에서 이러한 새롭게 됨을 주시기 위해 일하고 계신다. 성령님은 매일 그분의 새롭게 하시는 은혜와 능력으로 우리 자신을 복종시키시기 위해 기다리고 계신다.

매일 아침 경건의 시간을 갖는 것은 하나님의 형상을 따라 의로움과 거룩함으로, 성령으로 나를 새롭게 하기 위한 시간이다. 우리의 마음을 하나님의 목적 위에 놓기 위해 우리에게는 묵상과 기도의 시간이 필요하다. 우리는 내적인 사람이 어떻게 매일 하나님의 형상으로 새롭게 될 수 있는지, 어떻게 주님의 영으로 말미암아 똑같은 형상으로 변화될 수 있는지에 대한 참된 비전이 필요하다. 이를 위해 우리가 열망하는 것이 우리의 목적이 되어야 한다. 우리 안에 있는 하나님의 형상, 하나님의 생명이 우리 안에서 보일 것이다. 온전히 성령의 새롭게 하심으로 우리 안에 형성된 그분의 모습을 발견하게 될 것이다. 이것이 매일 우리의 기도가 되어야 한다. 우리를 창조하신 그분의 형상에 이르기까지 날마다 새롭게 되기를 원하는 것이 우리의 기도 제목이 되어야 한다.

회복된 영성으로 새롭게 돼라

그리스도인이 성숙해지고 강건해지는 것은 그리 쉬운 일이 아니다. 그것을 위해 하나님의 아들이 그분의 생명을 값으로 치르셨다. 새사람을 창조하시고 매일 성령의 계속된 돌보심으로 생명을 유지하게 하시는 것은 하나님의 편에서의 일이다. 하지만 새사람으로 옷입을 때 옛사람을 벗어버리는 것은 우리의 책임이다. 즉 우리 안에서의 모든 태도, 모든 습관, 우리 자신을 위한 기쁨들을 모두 벗어버려야 한다.

만약 우리가 예수님에게까지 나아갈 수 있다면 우리는 우리 자신을 부인해야 하고 자신의 십자가를 져야 한다. 모든 것을 버리고 예수 그리스도께서 걸어가신 그 길로 그분을 따라가야 한다. 그리스도인은 모든 죄뿐만 아니라 비록 합법적이고 귀중한 것이라 하더라도 그것으로 인하여 죄를 짓게 하는 모든 것을 던져버려야 한다. 만약 우리가 영원한 생명의 능력 안에서 살고 있다면 우리는 우리 자신의 생명을 미워해야 하고 우리 자신의 생명을 잃어버려야 한다. 이 모든 것은 대부분의 사람이 생각하는 참된 그리스도인이 되기 위한 길보다 훨씬 더 어려운 길이다.

사도 바울은 외적인 사람이 후패함과 동시에 내적인 사람이 새롭게 되어야 함을 이야기했다. 바울은 고린도후서 전체를 통해 우리에게 생명의 비밀이자 교회의 축복이신 그분의 죽으심을 따라 고난을 겪으시는 예수님과 어떻게 교제해야 하는지를 보여준다.

"우리가 항상 예수의 죽음을 몸에 짊어짐은 예수의 생명이 또한
우리 몸에 나타나게 하려 함이라. 우리 살아 있는 자가 항상 예
수를 위하여 죽음에 넘겨짐은 예수의 생명이 또한 우리 죽을 육
체에 나타나게 하려 함이라. 그런즉 사망은 우리 안에서 역사하
고 생명은 너희 안에서 역사하느니라"(고후 4:10-12).

우리 개인, 우리 몸, 그리고 다른 사람들을 위한 우리의 일 속에
서 예수님의 생명에 대한 완전한 체험은 그분의 고난과 죽으심 속에
서 하는 우리의 교제에 의존한다. 희생과 외적인 사람의 후패함 없
이는 내적인 사람을 새롭게 하는 것은 아무런 소용이 없다.
　하늘의 것으로 충만하기 위해 그 생명은 이 땅의 것을 비워야만
한다. 우리는 로마서에서 똑같은 진리를 보게 된다. "오직 너희 마음
을 새롭게 함으로 변화를 받아라." 성령으로 말미암아 마음을 새롭
게 하는 것은 전적인 변화, 즉 전적으로 다른 방법으로 생각하고 판
단하고 결정하는 것을 의미한다. 새롭게 된 마음은 '영적인 총명'에
자리를 양보한다.

"이로써 우리도 듣던 날부터 너희를 위하여 기도하기를 그치지
아니하고 구하노니 너희로 하여금 모든 신령한 지혜와 총명에

하나님의 뜻을 아는 것으로 채우게 하시고"(골 1:9).

"또 아는 것은 하나님의 아들이 이르러 우리에게 지각을 주사 우리로 참된 자를 알게 하신 것과 또한 우리가 참된 자, 곧 그의 아들 예수 그리스도 안에 있는 것이니 그는 참 하나님이시요 영생이시라"(요일 5:20).

이러한 변화는 모든 옛 성품을 포기하고 그 값을 치름으로써 얻게 되는 것이다. 그런즉 이 세상을 따라가지 말고 오직 변화를 받아야 한다. 우리는 자연적으로 이 세상에 속해 있다. 우리 안에 있는 이 세상은 하늘의 생명으로 우리를 충만하게 채우실 성령의 강한 능력을 제외하고는 아무것으로도 정결하게 할 수 없다.

그러므로 진리가 우리 안에 뿌리를 내리고 우리 삶을 지배하도록 해야 한다. 하나님의 형상으로 우리 마음을 매일 새롭게 하는 거룩한 변화는 오직 우리가 이 세상을 따르는 모든 것으로부터 자유롭게 되기를 추구함으로써 우리 안에서 진행될 수 있다. "이 세상을 따라가지 말라"는 부정적인 말씀은 "변화를 받으라"는 적극적인 말씀만큼이나 강하게 강조되어야 한다.

이 세상의 영과 하나님의 영은 우리가 소유하고 있는 존재 안에서 싸우고 있다. 오직 우리가 이 세상의 영을 인식하고 포기하고 던져버릴 때만이 하늘의 신령한 영으로 들어갈 수 있다. 그때 성령이 새롭게 하며 변화시키는 그분의 축복된 사역을 행하실 수 있다. 그러므로 우리는 세상, 그리고 세상의 영으로 되어 있는 것은 무엇이든지 포기해야 한다. 우리의 생명, 그리고 자아를 소유한 것은 그 무엇이든지 간에 다 버려야 한다.

만약 우리가 우리 자신의 강건함 속에서 내면적인 사람이 날마다 새롭게 되기를 시도한다면 큰 어려움이 따를 것이다. 반면 모든 것을 성령께서 행하시도록 맡기고 믿음으로 포기하는 것을 배운다면 새롭게 되는 변화는 자연적이고 건강한 성장이 된다. 그때 우리 내면의 기도방은 하나님께서 이미 이루시고 행하고 계신 것을 날마다 찬양하며 하나님께서 앞으로 무엇을 행하실지를 알게 되는 장소가 될 것이다. 그렇기에 우리는 매일 자신을 "나를 믿는 자는 성경에 이름과 같이 그 배에서 생수의 강이 흘러나오리라"(요 7:38)고 말씀하신 축복의 주님께 복종시켜야 한다. 그때 성령으로 새롭게 되는 것은 우리 그리스도인의 삶에 있어 가장 큰 축복 중 하나가 될 것이다.

그들을 진리로 거룩하게 하옵소서. 아버지의 말씀은 진리니이다. 요
한복음 17:17.

우리 주님은 위대한 중보기도 가운데 하나님이 자신에게 주신
말씀을 제자들에게도 주시고 그 말씀을 받아들이고 믿게 해달라고
간구하셨다. 이것이 바로 제자훈련이다. 제자들이 이러한 말씀을 지
키는 것은 그들에게 참된 제자의 삶을 살게 하고 사역을 할 수 있게
만든다. 예수님에게서 하나님의 말씀을 받아들이고 그 말씀을 지키
는 것은 참된 제자도의 표시이자 능력이다.

예수님은 자신에 대해 "내가 곧 길이요 진리요 생명이니 나로 말
미암지 않고는 아버지께로 올 자가 없느니라"(요 14:6)고 말씀하셨
다. 예수님은 은혜와 진리가 충만하신 하나님의 독생자이셨다. 예수
님의 가르침은 율법과 같지 않았다. 예수님의 말씀은 선한 일들에

대한 약속보다 더 큰 것이었다.

> "살리는 것은 영이니 육은 무익하니라. 내가 너희에게 이른 말은
> 영이요 생명이라"(요 6:63).

예수님은 그 자신 안에 있는 모든 진리 가운데로 우리를 인도하
시는 진리의 영으로 교리에 대한 지식의 문제가 아니라 그것의 실제
적인 경험과 기쁨의 문제를 말씀하셨다. 예수님은 이러한 살아 있는
진리 가운데서 하나님께 제자들을 거룩하게 해달라고 기도하셨다.

> "또 그들을 위하여 내가 나를 거룩하게 하오니 이는 그들도 진리
> 로 거룩함을 얻게 하려 함이니이다"(요 17:19).

예수님은 그 능력과 사랑 가운데서 하나님께 우리를 책임져 달
라고 간구하셨다. 그렇기에 우리는 진리인 말씀을 통해 우리를 진리
가운데서 거룩하게 하기 위한 예수님의 목적을 분명히 인식해야 한
다. 예수님의 열망은 우리가 예수님처럼 진리 안에서 거룩하게 되는
것이다.

하나님의 말씀으로 거룩하게 돼라

하나님 말씀의 위대한 목적은 우리를 거룩하게 만드는 것이다. 성경 공부에 대한 부지런함과 열정이 우리를 더욱더 겸손하고 거룩하게 만들지 못한다면 우리에게 진정한 유익이 되지 못한다. 그렇기에 '거룩함'이 성경 공부를 하는 주된 목적이 되어야 한다. 우리가 성경을 그렇게 많이 읽는데도 우리 안에 어린아이와 같은 성품이 적은 이유는 성령의 거룩하게 하심과 진리의 믿음을 통한 구원을 참으로 열망하지 않기 때문이다.

> "주께서 사랑하시는 형제들아 우리가 항상 너희에 관하여 마땅히 하나님께 감사할 것은 하나님이 처음부터 너희를 택하사 성령의 거룩하게 하심과 진리를 믿음으로 구원을 얻게 하심이니"(살후 2:13).

우리는 말씀을 연구하고 그 진리를 받아들일 때 이것이 우리 각 사람에게 똑같은 유익이 되리라 생각한다. 그러나 우리의 경험은 그렇지 않다고 가르친다. 거룩한 성품의 열매, 구별된 생활의 열매, 그리고 다른 사람들을 축복하기 위한 능력의 열매는 오직 우리가 추구한 것을 얻게 된다는 단순한 이유로부터 오는 것이 아니다. 예수님은 우리를 거룩하게 하시기 위해 하나님의 말씀을 주셨다. 우리가 모든 성경 공부에서 이것을 우리의 명확한 목적으로 삼을 때만이 교리적인 진리가 아니라 거룩함을 소성하게 하는 능력 있는 진리로 우리에게 하나님의 생명을 전달하게 될 것이다.

"저희를 진리로 거룩하게 하옵소서. 아버지의 말씀은 진리니이다." 이 말씀은 오직 하나님 자신만이 우리를 거룩하게 하실 수 있다는 뜻이다. 하나님과 그분의 직접적인 작용으로부터 분리된 말씀은 우리 안에서 어떠한 일도 성취할 수 없다. 말씀은 도구이다. 하나님은 그것을 사용하신다. 하나님은 오직 거룩하게 하시는 분이다. 오직 그분만이 거룩하게 하실 수 있다. 하나님 말씀의 말할 수 없는 가치는 그것이 하나님의 거룩한 수단이라는 점이다. 많은 사람이 범하는 무서운 실수는 하나님만이 그 말씀을 사용하셔서 그것을 생명력 있게 하실 수 있다는 사실을 잊어버리는 것이다.

이것은 예수님 시대의 서기관과 바리새인도 마찬가지였다. 그들은 하나님의 율법 안에서 자랑했다. 그들은 성경 공부 안에서 즐거워했다. 그렇지만 거룩하지 못한 채 남아 있었다. 말씀은 그들을 거룩하게 하지 못했다. 그들이 말씀 안에서 이러한 것을 추구하지 않았기 때문이다. 그리고 그들을 위해 말씀대로 하시려는 하나님께 순종하지 않았기 때문이다.

우리는 기도 가운데 말씀을 통해서 하나님을 보게 되고 거룩하게 된다. 우리 주님은 제자들에게 거룩하게 되어야 한다고 가르치셨다. 예수님은 제자들이 진리 안에서 거룩하게 될 수 있도록 그들을 위해 그 자신이 먼저 거룩하게 되셨다. 또한 예수님은 기도로 하나님에게서 그분의 말씀과 그분의 사역을 가지고 와서 제자들을 거룩하게 하셨다. 그러므로 우리는 반드시 하나님의 말씀을 알고 그것을 묵상해야만 한다. 거룩하게 되는 것이 성경 공부와 묵상의 최고 목적이 되어야 한다.

그러나 이러한 것만으로는 충분하지 않다. 모든 것은 우리가 말씀을 통해 우리를 거룩하게 해달라고 하나님께 기도하는 데 달려 있다. 하나님은 우리 안에 내주하시는 거룩하신 영으로 말미암아 우리를 거룩하게 하신다. 성령은 우리를 거룩하게 하시는 예수 그리스도의 마음과 태도로 우리 안에서 일하신다. "여호와와 같이 거룩하신 이가 없으시니 이는 주밖에 다른 이가 없고 우리 하나님 같은 반석도 없으심이니이다"(삼상 2:2).

하나님은 모든 거룩함이며 자신의 거룩한 현존으로 만물을 거룩하게 하신다. 성막과 성전은 깨끗하게 함, 구별함, 혹은 성화로 거룩하게 되는 것이 아니다. 그것은 하나님이 들어오심으로써, 그리고 하나님이 내주하심으로써 거룩하게 되는 것이다.

하나님께서 소유하신 모든 것이 우리를 거룩하게 만든다. 하나님은 말씀을 통해 우리 안에 예수님과 성령님이 들어오시도록 우리를 거룩하게 하신다. 하나님은 우리가 그분 앞에서 기다리고 깊은 신뢰와 완전한 복종으로 우리 자신을 포기할 때 오직 이것을 행하신다. 우리가 믿음으로 "당신의 진리를 통해 나를 거룩하게 하옵소서.

당신의 말씀은 진리니이다"라고 기도할 때 하나님의 말씀에 대한 우리의 지식은 진정으로 우리를 거룩하게 할 것이다.

아침에 깨어남은 축복의 시간이다. 그 시간은 하나님의 거룩하심에 우리 자신을 복종시키기 위해 특별히 헌신된 시간이다. 또한 그 시간은 말씀을 통해 우리가 거룩하게 되는 특별한 시간이다. 그러므로 우리는 반드시 기억해야 한다. 하나님 말씀의 분명한 목적은 우리를 거룩하게 만드는 것이라는 사실을. 그리고 "하나님, 당신의 진리를 통해 나를 거룩하게 하옵소서", 이것이 우리의 계속된 기도 제목이 되어야 한다는 사실을.

매일 삼위일체 하나님과 동행하라

에베소서 3장에 나오는 말씀은 믿는 자들의 생활이 이 땅에서 어떠해야 하는지를 가장 수준 높게 표현한 것 중 하나이다.

"이러므로 내가 하늘과 땅에 있는 각 족속에게 이름을 주신 아버지 앞에 무릎을 꿇고 비노니 그의 영광의 풍성함을 따라 그의 성령으로 말미암아 너희 속사람을 능력으로 강건하게 하시오며 믿음으로 말미암아 그리스도께서 너희 마음에 계시게 하옵시고 너희가 사랑 가운데서 뿌리가 박히고 터가 굳어져서 능히 모든 성도와 함께 지식에 넘치는 그리스도의 사랑을 알고 그 너비와 길이와 높이와 깊이가 어떠함을 깨달아 하나님의 모든 충만하신 것으로 너희에게 충만하게 하시기를 구하노라"(엡 3:14-19).

그리스도인은 아침 경건의 시간에 다음과 같이 고백해야 한다. "오늘 내게 능력을 강건하게 하실 하나님은 지금도 성령을 통해 내 면에서 나를 강건하게 하시고 계신다." 매일 우리는 온전한 믿음을 통해 예수님이 내주하시고 사랑 안에서 뿌리가 내려지는, 그리고 예수님의 사랑을 알기 위해 강건해지는 생활에 만족해야 한다. 우리는 매일 우리를 완성하실 하나님의 모든 충만하심으로 가득 채워지는 것이 축복이라고 믿어야 한다. 우리는 매일 하나님을 믿는 믿음의 능력 안에서 강건해져야 하며 예수님 안에서 하나님께 영광을 돌려야 한다. 우리는 하나님이 우리 안에서 역사하시는 성령의 능력에 따라 우리가 요구하고 생각하는 이상의 것을 행하실 수 있음을 믿어야 한다.

에베소서는 우리의 실제적인 삶과 관련해서 삼위일체 성령의 진리를 나타내고 있다. 많은 그리스도인은 축복된 삼위일체의 세 인격에 특별히 주목하면서도 실제로는 그리스도인의 삶 속에서 시대마다 다른 인격이 필요하다고 이해한다. 그들은 가끔 다양한 진리가 하나의 진리로 연합하는 것이 어렵다고 느낀다. 그리고 한 분 속에서 어떻게 세 분을 예배하는지를 아는 것이 어렵다고 느낀다. 그런데도 에베소서의 본문은 이러한 놀라운 관계와 완전한 연합을 계시하고 있다.

우리는 하나님의 능력으로서 우리 안에 성령을 가지고 있다. 그렇지만 하나님은 스스로 일하시지 않는다. 하나님은 우리 내면에 있는 성령을 통해 우리를 강건하게 해주신다. 우리 안에서 일하시는 그 능력을 따라서 우리가 요구하고 생각하는 것 이상으로 굉장히 풍성하게 일하신다. 우리 안에 계신 성령은 우리가 더욱더 많이 하나님을 의지하도록 만든다. 성령은 오직 하나님이 역사하실 때만 일하실 수 있다. 그렇기에 우리는 우리 안에 내주하시는 성령을 신뢰하는 것과 하나님이 성령을 통해서 일하시도록 기다리는 것을 연합해야 한다.

또한 이러한 연합 속에는 예수님과 우리의 관계가 있다. 우리는 아들의 이름으로 하나님께 무릎을 꿇고 고개 숙여야 한다. 우리는 예수님이 우리 마음속에 거주하게 해달라고 성령을 통해 하나님께 기도해야 한다. 아들은 우리를 아버지께로 인도하시고 아버지는 다시금 우리 안에 아들을 계시하신다. 아들이 우리 안에 내주하시고 사랑 안에서 뿌리를 내리고 터가 굳어지게 할 때 우리는 하나님의 모든 충만하심으로 가득 채워지도록 인도함을 받을 것이다. 즉 우리의 마음은 성삼위 하나님의 교환작용이 일어나는 무대가 되는 것이다. 우리 마음이 이것을 받아들이게 될 때 우리는 우리가 성령으로 말미암아 생각할 수 있는 것보다 더 많이 행하실 수 있는 하나님께 예수 그리스도를 통해 영광을 돌리게 된다.

그때 우리의 마음은 놀라운 일을 수행하는 무대가 된다. 하나님은 우리에게 그분의 성령을 불어넣으시고 우리 마음을 그리스도의 집으로 만드신다. 성령은 하나님의 본성과 특성이 우리의 것이 되도록 하기 위해 우리 안에서 예수님을 계시하고 형성하신다. 예수님은 그분의 사랑의 생명을 전달하시고 우리 내면이 하나님의 모든 충만하심으로 채워지게 하려고 우리를 인도하신다. 그러므로 우리는 매일 충만한 믿음으로 삼위일체이신 하나님을 예배해야 한다. 성경 공부의 지침과 기도가 우리를 인도하는 것이 그 무엇이든 간에 이것이 우리가 이르는 곳에서부터 다시 되돌아오는 데까지 그 중심이 되게 해야 한다.

우리는 삼위일체 하나님의 형상대로 창조되었다. 하나님이 우리를 회복시키는 구원은 우리 마음의 내적인 구원이다. 우리를 구원하신 하나님은 내주하시는 하나님으로서 그분의 충만하심을 우리에게 채우시는 것 외에는 다른 방법으로 그것을 행하실 수 없다. 그렇기에 우리는 예배하고 잠잠히 기다려야 한다. 믿음으로 하나님께 영광을 돌려야 한다.

여기서 우리는 에베소서 안에서 삼위일체의 세 인격이 항상 어떻게 함께 언급되고 있는지를 살펴볼 필요가 있다.

● 에베소서 1장 3절 : 아버지, 예수 그리스도, 성령의 축복. "찬

송하리로다. 하나님, 곧 우리 주 예수 그리스도의 아버지께서 그리스도 안에서 하늘에 속한 모든 신령한 복을 우리에게 주시되."

● 에베소서 1장 12-13절 : 아버지, 그 영광의 찬송이 성령으로 인치심이 되어. "이는 우리가 그리스도 안에서 전부터 바라던 그의 영광의 찬송이 되게 하려 하심이라. 그 안에서 너희도 진리의 말씀, 곧 너희의 구원의 복음을 듣고 그 안에서 또한 믿어 약속의 성령으로 인치심을 받았으니."

● 에베소서 1장 17절 : 아버지, 우리 주 예수님, 성령의 지혜. "우리 주 예수 그리스도의 하나님, 영광의 아버지께서 지혜와 계시의 영을 너희에게 주사 하나님을 알게 하시고."

● 에베소서 2장 18절 : 그리스도를 통해 성령으로 말미암아 아버지께 나아감. "이는 그로 말미암아 우리 둘이 한 성령 안에서 아버지께 나아감을 얻게 하려 하심이라."

● 에베소서 2장 22절 : 그리스도 안에서, 성령을 통해, 하나님의 처소. "너희도 성령 안에서 하나님이 거하실 처소가 되기 위하여 그리스도 예수 안에서 함께 지어져 가느니라."

● 에베소서 3장 4-9절 : 그리스도의 비밀, 하나님 안에 숨겨져 있다. 하나님의 은혜로 설교했다. 성령으로 말미암아 계시되었다. "그것을 읽으면 내가 그리스도의 비밀을 깨달은 것을 너희가 알 수 있으리라. 이제 그의 거룩한 사도들과 선지자들에

게 성령으로 나타내신 것같이 다른 세대에서는 사람의 아들들에게 알리지 아니하셨으니 이는 이방인들이 복음으로 말미암아 그리스도 예수 안에서 함께 상속자가 되고 함께 지체가 되고 함께 약속에 참여하는 자가 됨이라. 이 복음을 위하여 그의 능력이 역사하시는 대로 내게 주신 하나님의 은혜의 선물을 따라 내가 일꾼이 되었노라. 모든 성도 중에 지극히 작은 자보다 더 작은 나에게 이 은혜를 주신 것은 측량할 수 없는 그리스도의 풍성함을 이방인에게 전하게 하시고 영원부터 만물을 창조하신 하나님 속에 감추어졌던 비밀의 경륜이 어떠한 것을 드러내게 하려 하심이라."

● 에베소서 4장 4-6절 : 한 성령, 한 주님, 한 하나님, 한 아버지. "몸이 하나이요 성령도 한 분이시니 이와 같이 너희가 부르심의 한 소망 안에서 부르심을 받았느니라. 주도 한 분이시요 믿음도 하나요 세례도 하나요 하나님도 한 분이시니 곧 만유의 아버지시라. 만유 위에 계시고 만유를 통일하시고 만유 가운데 계시도다."

● 에베소서 5장 18-20절 : 성령으로 충만하고, 하나님께 감사드리며, 예수 그리스도의 이름으로. "술 취하지 말라. 이는 방탕한 것이니 오직 성령의 충만함을 받으라. 시와 찬송과 신령한 노래들로 서로 화답하며 너희의 마음으로 주께 노래하며 찬송하며 범사에 우리 주 예수 그리스도의 이름으로 항상 아

버지 하나님께 감사하며."

● 에베소서 6장 10-18절 : 주님 안에서 강하고, 하나님의 전신
갑주를 입고, 성령의 검, 성령으로 기도하고. "끝으로 너희가
주 안에서와 그 힘의 능력으로 강건하여지고 마귀의 간계를
능히 대적하기 위하여 하나님의 전신갑주를 입으라. 우리의
씨름은 혈과 육을 상대하는 것이 아니요. 통치자들과 권세들
과 이 어둠의 세상 주관자들과 하늘에 있는 악의 영들을 상대
함이라. 그러므로 하나님의 전신갑주를 취하라. 이는 악한 날
에 너희가 능히 대적하고 모든 일을 행한 후에 서기 위함이라.
그런즉 서서 진리로 너희 허리띠를 띠고 의의 호심경을 붙이
고 평안의 복음이 준비한 것으로 신을 신고 모든 것 위에 믿음
의 방패를 가지고 이로써 능히 악한 자의 모든 불화살을 소멸
하고 구원의 투구와 성령의 검, 곧 하나님의 말씀을 가지라.
모든 기도와 간구를 하되 항상 성령 안에서 기도하고 이를 위
하여 깨어 구하기를 항상 힘쓰며 여러 성도를 위하여 구하라."

우리는 에베소서의 성경 구절들을 연구하고 비교해 봄으로써 거
룩한 삼위일체의 진리가 어떻게 실제적이 되는지를 알아야 한다. 성
경은 거룩한 성격 안에서 그것의 신비에 관해 작은 부분을 가르친
다. 오직 우리 속에서 일하시는 하나님의 사역, 우리의 믿음, 그리고
하나님의 구원에 대한 체험만을 언급하고 있다.

삼위일체 안에서 진실한 믿음은 우리가 강하게 하고 변화되게 하며 하나님을 소유한 그리스도인이 되게 한다. 거룩한 영은 우리의 생명과 내면적 존재를 하나로 만들 것이다. 축복된 예수님은 하나님과 완전한 교제를 하기 위하여 우리 안에 거주하실 것이다. 하나님은 성령과 예수님을 통해 우리를 하나님의 모든 충만하심으로 가득 채우실 것이다. 그러므로 우리는 하나님께 무릎 꿇고 고개를 숙여야 한다. 그때 삼위일체의 비밀이 알려질 것이며 경험될 것이다.

이는 하늘이 땅보다 높음 같이 내 길은 너희 길보다 높으며 내 생각
은 너희 생각보다 높음이니라. 이사야 55:9.

하나님의 뜻은 세상이 존재하는 데 기초가 되는 살아 있는 능력
이다. 하나님의 뜻을 통해, 그리고 하나님의 뜻에 따라서 세상은 그
렇게 되어 간다. 세상은 하나님의 지혜, 능력, 그리고 선함 속에서
그 거룩한 뜻을 나타내거나 구체화된다. 세상은 아름다움과 영광 속
에서 오직 하나님의 의지에 따라 움직인다. 세상은 매일 하나님의
뜻에 따라 지탱되고 있다. 창조는 운명 지어진 것이었으며, 그것은
하나님의 영광을 나타냈다.

"우리 주 하나님이여 영광과 존귀와 권능을 받으시는 것이 합당
하오니 주께서 만물을 지으신지라. 만물이 주의 뜻대로 있었고

또 지으심을 받았나이다 하더라"(계 4:11).

거룩한 뜻은 그것의 존재 의무로, 그 뜻을 알리고 협력하기 위해 살아 있는 능력과 함께한다. 하나님 자신의 형상과 모양으로 인간의 의지가 창조되었다. 타락한 천사들은 하나님의 뜻 행하는 것을 자신들의 가장 높은 엄위와 행복으로 간주하지 않았다. 하늘의 영광은 하나님의 뜻이 이 땅 위에서 이루어지는 것이다. 결국 죄와 타락한 천사와 인간의 비극은 하나님의 뜻 행하기를 거절한 데서 비롯되었다.

먼저 하나님의 뜻을 회복하라

구속은 이 세상에서 하나님의 뜻을 회복하는 것이다. 이러한 목적을 위해 예수님께서 오셨다. 예수님은 인간의 삶 속에서 인간이 어떻게 하는 것이 하나님의 뜻을 위해 사는 유일한 길인지를 보여주셨다. 예수님은 하나님의 뜻에 복종하심으로써, 심지어 죽음을 통해서 하나님의 뜻을 이루는 유일한 길이 어떤 것인지를 보여주셨다. 예수님은 죽음을 통해 길을 열어놓으셨고 하나님의 뜻에 전적으로 연합하기 위해 생명으로 부활하셨다.

하나님의 구속은 타락한 인간 안에서 하나님이 인간을 창조하신 뜻을 자연스럽게 이룰 수 있다. 하나님은 예수님 안에서, 그리고 하나님의 모범 안에서 우리에게 요구하고 기대하시는 뜻에 헌신하고 기뻐하는 것을 계시하셨다.

하나님은 예수님과 성령 안에서 우리를 새롭게 하시고 우리의 뜻을 소유하고 계신다. 하나님은 우리가 하나님의 모든 뜻을 기꺼이 행할 수 있게 하려고 우리 안에서 일하신다. 하나님은 하나님의 뜻에 대해 권면하신 후에 모든 일을 스스로 행하신다.

"모든 선한 일에 너희를 온전하게 하사 자기 뜻을 행하게 하시고 그 앞에 즐거운 것을 예수 그리스도로 말미암아 우리 가운데서 이루시기를 원하노라. 영광이 그에게 세세무궁토록 있을지어다. 아멘"(히 13:21).

성령으로 말미암아 들어온 뜻이 우리 마음에 믿어지고 받아들여질 때, 우리는 "당신의 뜻이 하늘에서 이루어진 것처럼 땅에서도 이루어지이다"라는 기도에 대한 통찰력을 얻을 수 있다. 그때 참된 열망은 우리 안에서 약속하신 생명을 깨닫게 한다.

믿는 자에게 있어서 기본적인 것은 하나님의 뜻과 자신의 관계를 인식하는 것이다. 그러나 많은 그리스도인은 하나님의 뜻에 따라 돼야 할 자신의 믿음, 혹은 자신의 감정에 관해 전혀 모르고 있다. 실제로 우리는 다음과 같은 말을 거의 하지 않는다. "내 열망은 하나님의 뜻과 함께 완전히 조화를 이루는 것이다. 내 한 가지 필요는 내가 하나님의 뜻을 행하기 위해 하나님께 완전한 순종을 보이는 것이다. 하나님의 은혜로 말미암아 내 모든 삶은 하나님의 뜻이 하늘에서 이루어진 것처럼 이 땅 위에서 자기 뜻을 행하시는 하나님 안에서 살 수 있는 것이다."

우리 안에서 거룩한 뜻의 목적이 이루어지고, 그것이 우리 마음을 지배하게 될 때 우리는 주님이 우리에게 가르쳐주신 주기도문의 응답으로 믿을 용기를 갖게 된다. 예수 그리스도를 통해 우리 안에서 하나님의 뜻이 수행된다. 하나님과의 밀접한 연합은 하나님의 뜻이 우리 안에서 모든 것을 행하고 있다는 확신을 준다. 예수님을 통한 하나님 안에서의 이러한 확신은 우리에게 하나님의 뜻을 행할 수 있다는 확신을 준다. 그렇기에 우리의 행위는 이 땅에서 하나님의 뜻과 일치하고 협력하는 것이어야 한다. 오직 이것이 우리의 열망이 되어야 한다. 하나님의 뜻은 모든 일 안에서 그것이 하늘에서 이루어진 것처럼 우리 속에서 이루어질 것이다. 그리고 우리로 말미암아 이루어질 것이다.

인간의 뜻은 하나님과 살아 있는 연합, 혹은 그 아들과 살아 있는 현존으로부터 끊을 수 없다. 하나님의 뜻에 대한 놀라운 순종과 일상에서의 적용은 오직 성령으로 말미암아 주어진 거룩한 인도하심에 의한 것이다. 하나님의 가르침은 지혜 있고 현명한 자에게가 아니라 주어진 것을 기꺼이 기다리고 의지하고 순종하는 어린아이와 같은 사람에게 주어진다.

하나님과 우리와의 친밀한 교제는 우리가 하나님의 뜻에 대한 위대한 교훈을 반복해서 배우는 바로 그 장소에서 일어난다. 우리가 예배하는 하나님은 우리가 하나님의 뜻과 완벽하게 연합하기를 원하신다. 그렇기에 우리가 생각하는 예배의 진정한 의미는 이것이 되어야 한다. "오, 주님! 나는 당신의 뜻을 행하는 것을 즐거워합니다!" 아침 경건의 시간, 내적 기도의 골방, 하나님과의 친밀한 교제 등은 하나님의 뜻에 대한 지식과 그것을 수행하기 위한 능력을 제공한다. 우리가 하나님의 모든 뜻을 행하기 위해 복종할 때 우리의 말씀 묵상과 기도 시간은 완전한 축복을 가져다줄 것이다.

성령과 더불어 하나님의 뜻을 분별하라

이 세상에서 지혜로운 사람들의 말에는 가끔 듣는 사람들이 이해하는 그 이상의 의미가 담겨 있다. 하물며 하나님의 말씀이 우리가 이해하는 것보다 훨씬 높은 수준을 의미한다는 것은 당연한 일 아닌가! 우리는 반드시 이것을 기억해야 한다. 이것은 우리가 하나님이 그 말씀을 통해 의미하는 것을 더욱더 완벽하게 탐구하도록 우리를 독려한다. 이 사실은 우리에게 삶의 완성이 가장 높은 차원의 생각 너머에 있다는 소망을 신뢰하게 만든다.

하나님의 말씀에는 두 가지 의미가 있다. 하나는 인간의 말을 통해 거룩한 지혜, 거룩한 능력, 그리고 거룩한 사랑을 전달하려는 하나님의 마음에서 기원된 의미이다. 다른 하나는 우리가 인간 편에서 생각하는 한정된 의미이다. 말씀이 비록 우리에게 하나님의 사랑, 하나님의 은혜, 그리고 하나님의 능력을 나타내는 진실과 사실로 보인다고 할지라도 여전히 말씀 안에는 우리가 아직 깨닫지 못하는 무한한 충만함이 있다. 이사야서는 이 사실을 아주 강하게 나타내고 있다. "하늘이 땅보다 높음같이!"

이러한 사실 속에서 우리 믿음의 정도는 너무도 단순하고 분명하다. 어떤 사람도 태양이나 별에 손이 닿으리라 생각하고 팔을 뻗지는 않을 것이다. 지금 하나님이 말씀하신다. "나의 생각은 너의 생각보다 높다." 심지어 말씀이 우리에게 하나님의 생각으로 주어질 때도, 우리의 생각이 하나님의 생각을 이해하려고 시도할 때도 하나님의 생각은 여전히 하늘이 땅보다 높음같이 우리의 생각보다 높다.

하나님의 무한하심과 영원한 세계의 모든 것은 영원한 생명의 씨앗처럼 말씀 속에 거주한다. 그것은 하나님의 말씀 속에서 우리를 성장시킬 수 있는 하나님의 크신 은혜와 능력으로부터 온 씨앗이다. 그러므로 우리는 말씀 앞에 어린아이처럼 나아가서 배워야 한다.

이와 관련해서 예수님은 이렇게 말씀하셨다.

"그때에 예수께서 성령으로 기뻐하시며 이르시되 천지의 주재이신 아버지여 이것을 지혜롭고 슬기 있는 자들에게는 숨기시고 어린아이들에게는 나타내심을 감사하나이다. 옳소이다. 이렇게 된 것이 아버지의 뜻이니이다"(눅 10:21).

지혜롭고 슬기 있는 자들이 반드시 위선자, 혹은 대적자라는 뜻은 아니다. 그러나 분명 어린아이와 같은 심령을 연마하는 것을 거부하는 많은 하나님의 자녀들이 있다. 그 사람들에게는 영적인 진리가 숨겨져 있다. 그리고 그로 인해 전혀 영적인 사람이 되지 못한다.

"사람의 일을 사람의 속에 있는 영 외에 누가 알리요. 이와 같이 하나님의 일도 하나님의 영 외에는 아무도 알지 못하느니라. 우리가 세상의 영을 받지 아니하고 오직 하나님으로부터 온 영을 받았으니 이는 우리로 하여금 하나님께서 우리에게 은혜로 주신 것들을 알게 하려 하심이라"(고전 2:11-12).

그러므로 하나님의 생각을 이해하기에 앞서 우리의 깊은 무지함이 성경 공부에 동기가 되어야 한다. 하나님은 말씀을 우리 안에서 진리로 만들기를 원하신다. 하나님은 우리의 겸손하고 믿음 있는 기도에 대한 응답으로, 놀라운 연합과 그리스도를 닮는 것, 우리 안에 성령의 거하심, 그리고 우리의 존재가 이 세상에 계신 하나님의 신비를 통찰하게 하실 것이다.

성령님은 이미 우리 안에서 하나님의 일을 계시하셨다. 그렇기에 우리의 심령이 목마르다면 성령의 특별한 교통하심으로 우리의 모든 열망이 만족하게 될 것이다. 예수님이 우리의 마음을 소유하게 될 것이다. 그리고 믿음이 경험되어질 것이다. 그때 우리는 하나님의 생각이 우리의 생각보다 높다는 사실을 깨닫게 될 것이다.

믿음을 세우는
영적 능력의 영성

이러므로 우리가 하나님께 끊임없이 감사함은 너희가 우리에게 들은 바 하나님의 말씀을 받을 때에 사람의 말로 받지 아니하고 하나님의 말씀으로 받음이니 진실로 그러하도다. 이 말씀이 또한 너희 믿는 자 가운데에서 역사하느니라. 데살로니가전서 2:13.

말의 가치는 대화를 나누는 상대방에 대해 알고 있는 것에 의존한다. 만약 어떤 사람이 그가 가진 모든 것의 절반을 내게 주겠다고 약속했다면, 그것은 그가 가난한 사람이든 혹은 백만장자이든 간에 그가 주고자 한 사람에 대해서 충분히 알고 있으며 그와 돈독한 관계를 유지하고 있다는 증거이다. 이처럼 열매 맺는 성경 공부를 위한 첫 번째 조건은 하나님을 전능하신 분으로서 아는 지식과 그분 말씀의 능력에 대한 지식, 그리고 하나님과 올바른 관계를 유지하는 것이다.

먼저, 하나님 말씀의 능력을 알라

하나님 말씀의 능력은 참으로 무한하다.

"여호와의 말씀으로 하늘이 지음이 되었으며 그 만상을 그 입 기운으로 이루었도다. …그가 말씀하시매 이루어졌으며 명령하시매 견고히 섰도다"(시 33:6,9).

하나님의 능력은 말씀 안에서 역사한다. 하나님의 말씀은 창조적인 능력이 있으며 말씀하신 대로 만물이 생성된다. 살아계신 하나님의 말씀은 생명력이 있으며 우리에게 생명을 준다. 그것은 죽은 것을 다시 일으키며 살아나게 할 수 있다. 죽은 몸을 다시 살릴 수 있는 말씀의 소생시키는 능력은 죽은 영혼에 영원한 생명을 줄 수 있다.

모든 영적인 생명은 말씀을 통해서 온다. 우리는 영원히 살아계신 하나님의 말씀으로 말미암아 썩지 않은 씨앗으로 태어났기 때문이다. 이것은 하나님의 말씀에 대한 가장 비밀스러운 축복 중 하나이다. 말씀 속에 있는 믿음은 창조적이며 소생시키는 힘이 있다. 말씀은 내 안에서 그것이 명령하고 약속한 바로 그대로 일한다. "하나님의 말씀은 너희 믿는 자들 속에서 효율적으로 역사할 것이다."

하나님의 말씀은 믿는 자들 속에서 효율적으로 역사하시기에 성령으로 말미암아 마음속에 말씀을 받아들일 때 우리는 그 말씀의 능력에 저항할 힘이 없다. "주님의 음성은 능력 안에 있다." 모든 것은 마음속에 하나님의 말씀을 받아들이는 기술을 배우는 것에 의존한다. 그리고 이러한 기술을 배우는 데 있어서 첫 번째 단계는 살아 있는 말씀, 하나님의 전능하심, 말씀의 창조적인 능력 안에 있는 믿음을 갖는 것이다.

또한 하나님은 말씀으로 없는 것을 있는 것으로 부르신다.

> "기록된 바 내가 너를 많은 민족의 조상으로 세웠다 하심과 같으니 그가 믿은 바 하나님은 죽은 자를 살리시며 없는 것을 있는 것으로 부르시는 이시니라"(롬 4:17).

창조에서부터 죽은 자를 살리신 부활에 이르기까지 하나님의 전능하신 모든 행위가 숨겨진 능력임이 사실이라면, 또한 그분의 거룩한 책에서 우리에게 말씀하신 모든 말씀이 사실이다.

다음의 두 가지 일은 우리가 반드시 하지 말아야 할 것으로서 우리가 불신에 빠지는 것을 막아준다. 하나는 하나님의 말씀을 인간의 지혜, 인간의 불신앙, 혹은 세상의 것으로 무능력하게 만드는 무서운 경험이다. 다른 하나는 말씀이 씨앗이라는 영적인 가르침을 무시하는 것이다. 씨앗은 작고 오랫동안 나타나지 않는다. 씨앗은 숨겨져 있어야만 한다. 그래야 나중에 싹이 트고 점점 성장하게 된다.

하나님의 말씀에 대한 행위는 숨겨져 있고 주목되지 않기에 우리는 그 말씀의 능력을 믿지 못한다. 하지만 하나님의 말씀에는 구원하시는 하나님의 능력이 숨겨져 있다. 그것은 우리 안에서 우리가 필요로 하는 모든 것, 하나님이 요구하시는 모든 것을 행한다.

우리는 말씀 안에서 우리의 영적인 삶을 변화시킬 수 있는 믿음을 수없이 찾을 수 있다. 우리는 하나님의 은혜에 대한 모든 보화와 축복이 말씀 안에 있다는 사실을 발견하게 될 것이다. 말씀은 우리의 어두움에 빛을 비추는 능력이 있다. 말씀은 우리 마음속에 하나님의 빛을, 그분에 대한 사랑의 감정을, 그리고 하나님의 뜻에 대한 지식을 가져다줄 것이다. 말씀은 모든 대적을 정복할 수 있는 용기로 우리를 가득 채울 수 있다. 그리고 하나님이 우리에게 행하라고 요구하신 모든 것을 무엇이든 행할 수 있는 용기로 우리를 채울 수 있다. 말씀은 우리를 정결하고 거룩하게 할 것이다. 그리고 우리 안에서 믿음과 순종으로 역사할 것이다. 말씀은 우리 안에서 예수님을 닮고자 하는 모든 씨앗의 특징이 되게 할 것이다.

또한 성령은 말씀을 통해서 우리를 모든 진리 가운데로 인도하실 것이다. 성령은 말씀 안에 있는 모든 것이 우리 안에서 진리가 되도록 하실 것이다. 또한 말씀을 통해 우리 마음이 하나님과 예수님의 처소가 되게 하려고 준비시킬 것이다.

만약 우리가 이러한 명백한 진리를 진정으로 믿게 된다면 하나님의 말씀에 대한 우리의 관계와 아침 경건의 시간에 얼마나 큰 변화가 나타나겠는가! 이제 우리 자신의 경험 속에서 말씀의 능력을 증명함으로써 말씀의 사역을 위한 훈련을 시작해야 한다. 위대한 믿음, 하나님의 말씀에 대한 전능한 능력을 배우기 위한 노력을 계속해야 한다.

하나님의 말씀은 하나님 자신이 우리 안에서 그것을 진리로 만드셨기 때문에 진리이다. 우리는 그 능력을 방해하는 것이 무엇인지에 관해 배워야 한다. 방해하는 것들로부터 자유로워지기 위해 많은 것을 극복해야 한다. 그리고 그 능력을 받아들이기 위해서 많은 것에 순종해야 한다. 만약 우리가 하나님의 말씀이 모든 축복을 성취할 수 있는 전능한 능력이 있다는 믿음을 갖고 성경을 묵상한다면 우리 삶에 무한한 능력이 나타날 것이다.

우리 마음속에 있는 씨앗

만물 중에서 하나님의 말씀에 대한 가장 뛰어난 실례는 '씨앗'이라고 말할 수 있다. 말씀과 씨앗 사이의 유사점은 아주 명백하다. 씨앗은 겉으로 보기에 무가치하다. 이미 다 자란 나무와 비교해 볼 때 사소한 것이다. 하지만 씨앗에는 껍질에 둘러싸여 있는 움직이지 않는 생명이 있다. 그 속에는 시간이 지남에 따라 농부의 오랜 인내심을 요구하는 느린 성장도 있다. 그 속에는 생식하고 번식한 후에 나타날 열매도 있다. 이러한 모든 기대 속에서 씨앗은 하나님의 말씀에 대한 순종을 위해 귀중한 교훈을 우리에게 가르쳐준다.

그렇다면 말씀으로부터 얻는 교훈은 무엇인가?

첫째, 믿음의 교훈을 얻는다. 믿음은 겉으론 보이지 않는다. 우리가 판단할 수 있는 한 믿음은 하나님의 말씀이 영혼에 생명을 줄 수 있고, 우리의 전인격을 변화시킬 수 있고, 그리고 우리를 강건함으로 채울 수 있다는 확신과 가장 먼 것처럼 보인다. 하지만 절대 그렇지 않다. 우리가 말씀에서 이야기한 것을 행할 수 있다는 믿음을 배우게 될 때 우리는 성경 연구의 중요한 비밀 중의 하나를 발견하게 된다. 그때 우리는 말씀을 우리 편에서 일하고 계신 하나님의 보증하심과 능력으로 받아들이게 될 것이다.

둘째, 노동의 교훈을 얻는다. 씨앗은 모이고 보호되고, 그리고 준비된 흙에 들어가야 할 필요가 있다. 이와 똑같은 방법으로 우리의 마음에도 성경 말씀이 축적되고 이해돼야만 한다. 그때 비로소 우리의 필요를 충족시켜 줄 말씀들이 마음속으로 자라가게 될 것이다. 우리는 아직 필요한 것을 행하지 못하고 있다. 하지만 우리는 마음속에 말씀을 숨겨놓고 햇빛이 그 위에 나타나기를 기다리면서 말씀을 지킬 수 있다.

셋째, 인내의 교훈을 얻는다. 마음속에 있는 말씀의 효과는 대부분은 즉각적이지 않다. 뿌리가 생겨서 성장할 때까지 시간이 필요하다. 그런데도 하나님의 말씀은 항상 우리 곁에 있어야 한다. 우리는 매일 성경 지식에 대한 우리의 이해를 넓혀야 한다. 이것은 곳간에 곡물을 모으는 것과 같다. 또한 우리는 우리에게 특별한 의미를 주는 명령이나 약속의 말씀들을 찾아야 한다. 그리고 그 말씀들이 우리 마음속에서 뿌리내리고 가지 칠 수 있도록 노력해야 한다. 우리는 우리가 어떤 종류의 씨앗을 뿌렸는지를 알아야 한다. 그리고 인내심을 갖고 주의 깊게 경작해야 한다.

넷째, 열매의 교훈을 얻는다. 그러나 하나님의 말씀에 나타난 사소한 씨앗의 무의미함은 비록 느린 성장이 우리의 인내를 요구한다고 할지라도 열매를 맺게 될 것이라는 확신을 줄 것이다. 하나님의 말씀에 대한 진리와 생명, 그리고 능력은 우리 안에서 성장할 것이며 열매를 맺게 할 것이다. 하나의 씨앗은 새로운 번식을 위한 같은 씨앗을 포함하고 있는 열매를 맺게 된다. 이와 마찬가지로 말씀도 우리에게 그것이 약속하고 있는 열매를 가져다줄 뿐만 아니라 우리가 다른 사람들에게 생명과 축복을 주는 씨앗이 되게 할 것이다.

또한 우리는 말씀뿐만 아니라 하나님의 나라도 씨앗과 같다는 사실을 깨달아야 한다. 하나님 나라의 특징은 중생한 사람들의 마음속에 숨겨져 있는 씨앗과 같다. 예수 그리스도는 씨앗이다. 성령도 씨앗이다. 우리 안에서 일하는 넘치는 능력의 위대함 역시 씨앗이다. 숨겨져 있는 생명은 마음속에 있다. 물론 우리가 그 능력을 항상 느끼는 것은 아니다. 하지만 거룩한 영광은, 심지어 느껴지지 않을 때조차도 말씀을 의지하고 행하게 하려고, 믿음의 솟아남과 성장을 기다리게 하려고 우리 안에 있다.

　이러한 핵심 진리를 이 땅에 있는 모든 하늘의 생명과 같이 확고하게 붙잡고 지켜야 한다. 그때 하나님의 말씀에 대한 묵상은 믿음의 행위가 되고 살아 있는 하나님께 복종하고 의지하게 만든다. 우리는 겸손하게 두려운 떨림으로 하나님의 말씀과 하나님의 성령의 능력 안에 있는 거룩한 씨앗 속에서 그것이 우리의 삶과 경험에서 진리로 변화될 것을 믿어야 한다. 우리는 이 거룩한 씨앗을 받아들이기 위해 마음을 전적으로 굴복해야 한다. 우리는 우리가 요구하고 생각하는 어떤 것보다 뛰어난 능력이 나타나도록 절대적 의지와 확신 속에서 하나님을 기다려야 한다.

여호와 하나님이 그 땅에서 보기에 아름답고 먹기에 좋은 나무가 나게 하시니 동산 가운데에는 생명나무와 선악을 알게 하는 나무도 있더라. 창세기 2:9.

무엇인가를 아는 데는 두 가지 방법이 있다. 하나는 어떤 대상에 관해 지식으로만 아는 것이고, 다른 하나는 삶 속에서 실제로 누림으로써 아는 것이다. 학자들은 빛에 관한 모든 것을 과학을 통해 머리로 이해한다. 하지만 빛이 무엇인지에 관해 전혀 생각해 본 적이 없는 아이들은 학자들보다 빛에 관해 더 많이 알고 있다. 학자들은 생각함으로써만 모든 것을 알고 있지만 아이들은 실질적으로 그 빛을 보고 즐김으로써 그것을 알고 있기 때문이다.

이것은 그리스도를 아는 지식에서도 마찬가지다. 우리는 지식을 활용해서 성경으로부터 하나님에 관한 생각들을 형성하고, 내면에서 구원하시는 하나님의 능력을 알지 못하는 동안에도 구원에 관한 모든 교리를 알 수 있다. 우리는 하나님과 사랑에 대한 모든 것을 안다. 우리는 그것에 대한 아름다운 생각을 표현할 수 있다. 그러나 우리가 실제로 사랑하지 않는 한 우리는 하나님의 사랑을 다 알 수는 없다. 오직 행함 있는 사랑만이 하나님을 알 수 있다. 하나님에 대한 행함 있는 사랑은 영원한 생명이다. 이것이 바로 사도 요한이 "사랑하지 아니하는 자는 하나님을 알지 못하나니 이는 하나님은 사랑이심이라"(요일 4:8)고 말한 이유이다.

단순한 지식과 참된 생명

하나님의 말씀은 생명이다. 이 생명은 행함으로써만 지켜진다. 이 생명은 심지어 지식에 구애받음 없이 강해질 수 있다. 한편 지식은 행함이 수반될 때 부지런한 연구와 위대한 기쁨의 수단이 될 수 있다. 예를 들어 우리가 볼 수 있는 눈과 일할 수 있는 손을 가지고 사과나무를 이해할 수 있다고 가정해보자. 우리는 그 나무에 거름을 주고 물을 줄 수 있을 것이다. 그렇지만 그 사과나무의 내면적 생명은 여전히 같을 것이며 주어진 이해력과 매우 다를 수도 있다. 마찬가지로 사람의 거룩한 내면의 생명은 그가 그것에 대해 알고 있는 지적인 것과는 아주 다르다. 지식은 성령이 소성하게 하실 수 있는 하나님의 말씀을 마음에 나타낸다. 그렇지만 그 지식은 참된 생명을 전달하거나 소생하게 할 수는 없다. 그것은 단지 양식을 전달하는 종에 불과하다. 그것은 마음에 영양분을 공급하고 생명을 주는 통로일 뿐이다.

에덴동산에 있던 두 종류의 나무는 같은 진리를 가진 하나님의 계시였다. 만약 아담과 하와가 생명나무의 실과를 먹었다면 그들은 선한 하나님이 살아 있는 능력으로 경험하게 하신 모든 것을 받아들이고 알았을 것이다. 그리고 그들은 악으로부터 절대적으로 자유로운 존재가 됨으로써 악을 알게 되었을 것이다.

하지만 아담과 하와는 정반대로 지식에 대한 열망으로 타락하게 되었고 죄를 짓게 되었다.

"여자가 그 나무를 본즉 먹음직도 하고 보암직도 하고 지혜롭게 할 만큼 탐스럽기도 한 나무인지라. 여자가 그 열매를 따먹고 자기와 함께 있는 남편에게도 주매 그도 먹은지라"(창 3:6).

이로 인해 사람들은 선한 지식을 소유하는 대신 그것과 정반대의 악으로부터 지식을 소유하게 되었다. 그리고 그날 이후로 사람들은 생명 안에 있는 진리보다는 지식 안에 있는 진리를 탐구하게 되었다. 생명은 우리가 참된 지식으로 받아들였던 하나님과 그의 선하심으로써 경험하게 된다. 지성적인 지식은 생명을 소생하게 할 수 없다.

"내가 예언하는 능력이 있어 모든 비밀과 모든 지식을 알고 또 산을 옮길 만한 모든 믿음이 있을지라도 사랑이 없으면 내가 아무 것도 아니요"(고전 13:2).

이러한 지식의 위험성은 우리가 매일 행하는 성경 읽기에서 제거되어야 하고 극복되어야 한다. 우리는 하나님의 말씀 속에서 인간적인 의미를 듣고 이해하기 위한 지성이 필요하다. 그러나 우리는 지성에 의한 지식의 소유를 성령께서 그것을 우리의 마음속에서 진리와 생명으로 만드실 때만이 우리에게 유익함을 깨달아야 한다.

우리는 마음을 다스려 복종해야 한다. 그리고 성령께서 우리 안에서 일하실 수 있도록 조용히 순종과 믿음으로 하나님을 기다려야 한다. 이것이 거룩한 습관이 될 때 우리의 지성과 마음은 완전한 조화 속에서 일하게 된다. 그때 우리 마음은 성령의 음성을 듣는 것과 성령의 가르침을 기다리는 것에 조화를 이룰 것이다.

말씀을 의지하고 신뢰하라

잠언의 주요한 목적은 우리에게 지식과 지각을 가르치고 지혜와 이해력의 길로 인도하는 것이다. 잠언은 의를 이해하기 위해, 하나님에 대한 두려움을 이해하기 위해, 선한 이해력을 발견하기 위해 우리를 인도하고 있다. 그런데 잠언 기자는 우리 자신의 이해력을 신뢰하는 것과 하나님이 주신 영적인 이해력을 추구하는 것을 구별하도록 경계하고 있다.

"너는 마음을 다하여 여호와를 신뢰하고 네 명철을 의지하지 말라"(잠 3:5).

우리는 모든 지식과 지혜를 추구하면서, 우리 삶의 모든 계획 속에서, 혹은 말씀을 연구하는 데 있어서 다음과 같은 두 가지 능력을 갖추게 된다. 하나는 우리에게 형성된 생각으로부터 사물을 알게 되는 지성이고, 다른 하나는 우리의 의지와 열망이 된 경험으로써 그 사물을 알게 되는 마음이다.

성경의 가르침과 성경 지식이 그리스도인의 삶 속에서 거의 열매를 맺지 못하는 이유 중 하나는 우리가 자신의 명철을 신뢰하기 때문이다. 많은 사람은 하나님이 우리에게 지성을 주셨다고 주장한다. 그리고 그 지성 없이는 하나님의 말씀에 대한 지식이 불가능하다고 말한다. 이것은 분명 사실이다.

그러나 전적으로 타락한 인간은 혼란 상태에 빠져 있다. 그 의지는 노예가 되었고 감정은 왜곡되었으며 명철은 어둡게 되었다. 그로 인해 모든 사람, 심지어 믿는 자들조차도 자신의 힘으로 거룩한 뜻을 가질 수 없으며 매일 새롭게 하시는 예수 그리스도의 은혜가 필요하다는 사실을 인정하기에 이르렀다. 그들은 성령께서 그 능력을 주시지 않는 한 하나님과 이웃을 사랑할 수 있는 능력이 자신에게 없음을 인정한다. 그러나 안타깝게도 대부분의 사람은 그 지성이 영적으로 동등하게 타락하였고 영적인 진리를 이해할 수 없음을 깨닫지 못하고 있다.

특별히 이러한 지식에 대한 열망은 하와를 타락하게 했고 유혹에 빠지게 만들었다. 우리가 스스로 하나님의 말씀으로부터 하나님의 진리에 대한 지식을 취할 수 있다고 생각하는 것은 지금도 대단히 위험한 일이다. 우리는 진정으로 진리를 알기 위해 우리의 명철에 대한 능력을 깊이 확신해야 한다. 우리는 자기 확신과 자기기만에 대한 무서운 위험성을 인식해야 한다. 그리고 다음과 같은 경고를 깊이 명심해야 한다. "주님 안에서 네 온 마음으로 신뢰하라. 네 자신의 명철을 의지하지 마라."

말씀은 우리가 믿음을 갖는 마음과 함께한다. 말씀은 우리가 하나님을 추구하고 섬기고 사랑하는 모든 마음과 함께한다. 말씀은 오직 우리가 마음으로 하나님을 깨닫고 신령과 진정으로 하나님을 예배할 수 있도록 인도한다. 그러므로 거룩한 말씀은 마음 안에서 역사한다. 하나님은 우리의 마음속에 하나님 아들의 영을 보내셨다. 내적인 삶의 열망과 사랑, 그리고 성령이 모든 진리 가운데로 인도하시는 뜻이 우리의 마음속에 있다.

성경은 거듭 말한다. "주님 안에서 네 온 마음을 다해 신뢰하라.

네 자신의 명철을 의지하지 마라." 당신 자신의 명철을 신뢰해서는 안 된다. 그것은 오직 사건에 대한 현실성 없는 영적 생각과 아이디어만 줄 뿐이다. 비록 그 진리를 마음에 받아들였다고 할지라도, 다소 당신의 마음에 확실하게 들어갔다 할지라도 그 진리는 당신의 마음을 속이는 것이 될 것이다.

당신의 명철을 신뢰하지 말고 성경에 당신의 마음을 비추고 오직 하나님 한 분만을 신뢰해야 한다. 당신의 온 마음에 살아계신 하나님이 기도의 은밀한 골방의 선생님으로 계시게 해야 한다. 그때 당신은 선한 명철을 발견하게 될 것이다. 그때 하나님은 당신에게 이해하는 마음, 영적인 이해력을 주실 것이다.

그러면 당신은 "나는 무엇을 해야 합니까? 성경을 어떻게 공부해야 합니까? 나는 내 명철을 사용하지 않고는 그렇게 행하는 방법을 알지 못합니다"라고 고백할 것이다. 이것은 옳은 말이다. 그러나 그 때문에 당신의 명철을 사용해서는 안 된다.

우리는 다음의 두 가지 위험을 기억해야 한다. 하나는 우리의 명철은 오직 우리에게 그림, 혹은 영적인 일들에 관한 생각을 줄 수 있을 뿐이라는 사실이다. 하지만 그것이 행해지는 순간 우리의 마음은 하나님의 말씀이 우리 안에서 진리와 생명이 되기 위해 주님과 동행할 수 있다. 자신의 명철을 의지하는 것의 또 다른 위험은 우리가 자신의 지성을 자랑하게 한다는 것이다. 이것으로부터 우리를 구원해 줄 수 있는 것은 우리 마음을 성령의 가르침에 계속해서 의존하는 것 외에 다른 방법은 없다. 오직 성령이 마음과 감정 속에서 말씀으로 소생하게 하실 때 우리는 참된 지성으로 인도함을 받을 수 있다.

"온유한 자를 정의로 지도하심이여 온유한 자에게 그의 도를 가르치시리로다"(시 25:9).
"여호와를 경외하는 것이 지혜의 근본이요. 거룩하신 자를 아는 것이 명철이니라"(잠 9:10).

당신의 명철을 사로잡을 수 있는 말씀으로부터 모든 생각을 하고 하나님 앞에서 의지함과 신뢰함으로 고개를 숙여라. 당신의 온 마음을 다해 하나님이 그것을 실현하실 것을 믿어라. 말씀이 당신의 삶을 강건하게 해줄 때까지 마음속에서 그것이 역사할 수 있도록 성령께 부탁하라. 이것을 강력하게 주장하라. 그러면 그때 내주하시는 성령이 오실 것이다. 그리고 그 명철은 당신을 복종하게 할 것이며 그것을 통해 하나님의 거룩한 빛이 빛나게 될 것이다.

예수께서 이르시되 오히려 하나님의 말씀을 듣고 지키는 자가 복이
있느니라 하시니라. 누가복음 11:28.

나는 얼마 전에 아주 열정적인 그리스도인으로부터 성경 공부에
도움이 되는 가르침을 부탁하는 편지를 받았다. 그는 성경을 더욱
잘 이해하고 알기 위해서 어떻게 성경 공부를 시작해야 하고, 어떻
게 계속해서 유지할 수 있는지에 관한 안내를 원했다. 나는 그에게
무엇보다 중요한 것은 이것이라고 말해주었다. "당신은 성경 공부에
서 모든 것을 말씀에 접근하게 인도한 그 영에 의존해야 합니다."

사람들은 어떤 일을 하면서 스스로 세워놓은 목표에 따라 통제
를 받는다. 성경 공부도 마찬가지다. 만일 당신의 목표가 단순하게
성경을 잘 아는 것이라면 당신은 실망하게 될 것이다. 만약 당신이
성경에 대한 철저한 지식이 반드시 축복을 가져다줄 것으로 생각한

다면 당신은 실수하는 것이다. 어떤 사람에게 있어서 그것은 저주이다. 또 다른 사람에게 있어서 그것은 무능력이다. 그것은 그들이 거룩하거나 행복하게 해주지 못한다. 어떤 사람에게 그것은 짐이 된다. 그것은 그들의 믿음을 일으키는 대신에 우울하게 만든다.

하나님의 말씀을 알고 행하라

그렇다면 성경 공부의 진정한 목적은 무엇인가? 하나님의 말씀은 하늘로부터 내려온 떡, 곧 양식이기에 성경 공부의 첫 번째 목적은 하나님의 모든 뜻을 행하기 위한 대단한 열망, 즉 의에 대한 굶주림이 되어야 한다. 성경은 빛이다. 그렇기에 말씀을 즐기기 위한 첫 번째 목적은 하나님의 뜻대로 걷기 위한 신실한 열망이어야 한다.

이것이 성경에서 가르치는 것이다. "복 있는 사람은 하나님의 말씀을 듣고 그것을 지킨다." 말씀을 지키는 것과 동떨어진 하나님의 말씀에 대한 단순한 들음과 지식은 아무런 축복도 가져오지 못한다. 만약 말씀이 지켜지지 않고 순종되어지지 않고 행해지지 않는다면 그것은 아무것도 아니다. 만약 어떤 사람이 그의 뜻을 행하게 된다면 그는 알게 될 것이다. 우리 주님의 말씀으로 하나님 말씀에 대한 모든 지식은 그것을 행하려는 뜻에 달려 있다는 사실을. 하나님의 뜻은 말씀에 정확히 상응해 행하는 사람들에게만 하나님의 말씀에 대한 진정한 의미와 축복이 열린다. 그래서 우리는 성경을 한 가지 목적을 가지고 읽어야 한다. "너희에게 무슨 말씀을 하시든지 그대로 하라 하니라"(요 2:5).

말씀은 의지와 행동 사이에 놓여 있다. 어떤 사람의 의지가 당신을 위해 무엇인가를 행하려고 한다고 가정해보자. 그가 그것을 행하기 이전에 그는 자기 생각이나, 혹은 목적을 말로 표현할 것이다. 그리고 약속한 것을 행함으로써 그 말을 이루려 할 것이다. 이것은 또한 하나님이 일하시는 방법이기도 하다. 하나님의 말씀은 하나님이 직접 행하실 때 가치가 있게 된다. 창조 때 하나님의 말씀은 그분이 선포하신 말씀을 이루는 능력과 함께했다.

하나님은 자신이 말씀하신 것을 항상 행하신다. 그래서 다윗은 "(당신이) 말씀하신 대로 행하사"(삼하 7:25)라고 기도했다. 또한 솔로몬은 성전을 건축할 당시 다음과 같이 말했다. "왕이 이르되 이스라엘 하나님 여호와를 송축할지로다. 여호와께서 그의 입으로 내 아버지 다윗에게 말씀하신 것을 이제 그 손으로 이루셨도다. …이제 여호와께서 말씀하신 대로 이루셨도다. 내가 여호와께서 말씀하신 대로 내 아버지 다윗을 대신하여 일어나서 이스라엘 왕위에 앉고 이스라엘의 하나님 여호와의 이름을 위하여 성전을 건축하고. …주께서 주의 종 내 아버지 다윗에게 허락하신 말씀을 지키시되 주의 입으로 말씀하신 것을 손으로 이루심이 오늘과 같으니이다. 이스라엘의 하나님 여호와여 주께서 주의 종 내 아버지 다윗에게 말씀하시기를 네 자손이 그들의 행위를 삼가서 네가 내 앞에서 행한 것 같이 내 율법대로 행하기만 하면 네게로부터 나서 이스라엘 왕위에 앉을 사람이 내 앞에서 끊어지지 아니하리라 하셨사오니 이제 다윗을 위하여 그 허락하신 말씀을 지키시옵소서"(대하 6:4,10,15-16).

하나님은 선지자들의 기록에서 "너희 사방에 남은 이방 사람이 나 여호와가 무너진 곳을 건축하며 황폐한 자리에 심은 줄을 알리라. 나 여호와가 말하였으니 이루리라"(겔 36:36)고 말씀하셨다. 그리고 선지자들은 "보옵소서. 이 성을 빼앗으려고 만든 참호가 이 성에 이르렀고 칼과 기근과 전염병으로 말미암아 이 성이 이를 치는 갈대아인의 손에 넘긴 바 되었으니 주의 말씀대로 되었음을 주께서 보시나이다"(렘 32:24)라고 말씀드렸다. 하나님께서 약속하신 진리와 그 가치는 그분이 그것을 행하신다는 내용을 담고 있다. 하나님의 약속의 말씀은 다 이루어진다는 의미이다.

이것은 하나님께서 명령하신 말씀이 사실인 것과 마찬가지로 그분이 우리에게 행하시기 원하는 일들도 사실이라는 뜻이다. 말씀을 행하려는 열망 없이 만약 우리가 그 말씀을 알고자 노력한다면, 만약 우리가 그 말씀의 아름다움을 경외하고 말씀의 지혜를 찬양한다면 그것은 자신을 속이는 일이 될 것이다. 그 말씀의 진정한 의미와 축복이 우리에게 계시될 수 있는 것은 오직 우리가 그 말씀을 행할 때만 이뤄진다. 우리가 진정으로 거룩한 생명 안에서 성장할 수 있는 것은 오직 우리가 그 말씀을 행할 때이다.

"주께 합당하게 행하여 범사에 기쁘시게 하고 모든 선한 일에 열 매를 맺게 하시며 하나님을 아는 것에 자라게 하시고"(골 1:10).

우리는 하나님의 마음과 똑같은 목적(그 말씀은 다 이루어져야 한다)을 가지고 하나님의 말씀에 접근해야 한다. 그리스도인의 삶에 서 성경 공부는 단순한 이론 이상의 것이 되어야 한다. 성경 공부는 하나님의 목적이 우리 자신의 목적이 될 때까지, 그리고 하나님께 "내가 명한 것을 다 행했구나"라는 말씀을 들을 때까지 진정으로 거 룩한 삶, 혹은 예수님을 닮는 삶을 추구해야 한다.

무엇보다 행함은 구약시대에 믿음의 사람을 구별하는 징표였다.

"이에 아브람이 여호와의 말씀을 따라갔고 롯도 그와 함께 갔으 며 아브람이 하란을 떠날 때에 칠십오 세였더라"(창 12:4).
"모세가 그같이 행하되 곧 여호와께서 자기에게 명령하신 대로 다 행하였더라"(출 40:16).
"폐하시고 다윗을 왕으로 세우시고 증언하여 이르시되 내가 이새 의 아들 다윗을 만나니 내 마음에 맞는 사람이라. 내 뜻을 다 이 루리라 하시더니"(행 13:22).

또한 우리는 시편 119편에서 거룩한 빛과 가르침을 위한 하나님 의 말씀과 기도에 항상 순종을 맹세함으로써, 사랑과 기쁨을 표현함으로써 그것들이 성취되었음을 하나님이 시편 기자에게 말씀하신 것을 보게 된다. 그러므로 우리가 하나님의 마음과 사랑 안으로 들어가는 한 가지 비밀은 예수님이 하신 것처럼 하나님의 뜻을 행하는 것이다.

그리스도인들이여, 하나님이 그분 말씀의 보물 창고로 당신을 인도해 주시기를 기도하라. 자신을 살아 있는 희생제물로 드릴 수 있는 사람처럼, 하나님이 말씀하신 것은 그 무엇이든 다 행할 준비가 되어 있는 사람처럼 행하라. 깊은 겸손함으로 이를 추구하라. 진정한 성경 공부의 첫 번째 조건은 하나님은 우리가 말씀 행하기를 원하고 계신다는 사실을 발견하려는 단순한 열망이다. 그리고 그 말씀을 행하겠다는 결심이다. 만약 누군가가 그분의 뜻을 행한다면 그는 하나님의 말씀이 그에게 열리는 것을 경험하게 될 것이다.

책임이 아니라 즐거움으로 행하라

말씀을 듣기만 하고 행하지 않으면 그것은 무서운 착각이다. 많은 그리스도인이 하나님의 말씀을 정기적으로 듣기만 하고 행하지는 않는다. 만약 그들의 자녀들이 부모가 한 말을 듣기만 하고 행하지 않는다면 그들은 대단히 혼란스러울 것이다. 그렇지만 그 착각은 너무나 완벽해서 어떤 사람들은 그들이 선한 그리스도인의 삶을 살고 있다고 믿는다. 그래서 사도 야고보는 이렇게 권면했다.

"너희는 말씀을 행하는 자가 되고 듣기만 하여 자신을 속이는 자
가 되지 말라. …자유롭게 하는 온전한 율법을 들여다보고 있는
자는 듣고 잊어버리는 자가 아니요 실천하는 자니 이 사람은 그
행하는 일에 복을 받으리라"(약 1:22,25).

그렇다면 이러한 착각을 일으키는 원인은 무엇인가?
첫 번째 원인은 가끔 우리가 종교행사나, 혹은 예배에서 말씀을
잘못 듣는 것이다. 우리의 마음은 진리를 설명하는 것을 기뻐한다.
그리고 우리 생각은 분명한 실례로 즐거워한다. 우리는 교회에 나가
설교 듣는 것을 즐긴다. 그러나 하나님이 말씀하신 것은 행하지는
않는다. 변화받지 못한 사람이나 변화받은 사람 모두 똑같이 듣고
말하는 것에 계속해서 만족해하고 있다. 그러나 여전히 우리는 그
일들을 행하지 않고 있다.
두 번째 원인은 우리가 선한 일을 행할 수 없다고 하는 잘못된 가
르침이다. 우리가 순종할 수 있도록 하기 위한 예수님의 은혜, 우리
가 죄를 짓지 못하게 하는 예수님의 은혜, 그리고 우리를 거룩하게
하기 위한 예수님의 은혜는 그리스도인의 삶의 일부분이다. 그런데
도 우리는 하나님은 우리가 실패할 것을 알고 계시기 때문에 우리로
부터 완전한 순종을 기대하시지 않는다고 생각한다. 이러한 잘못된

생각은 하나님이 말씀하신 모든 것을 행하기 위한 어떠한 목적도 서서히 희석시킬 것이다. 그것은 하나님의 모든 은혜로 우리 안에서 말씀대로 행할 수 있음을 믿고 경험하고자 하는 진지한 열망의 마음을 닫게 만든다. 오히려 그것은 죄 가운데 있는 자기중심적인 사람들을 지켜줄 뿐이다.

세 번째 원인은 우리의 잘못된 성경 읽기에서 비롯된다. 우리는 성경을 읽고 듣는 것을 의무로 여긴다. 우리는 아침 성경 읽기 시간에 우리가 읽은 성경을 깊이 생각하고 주의 깊게 이해하려고 노력하는 데 5분에서 10분 정도를 보낸다. 그 습관은 우리에게 만족감을 주고 안심하게 하는 의무감으로 성실하게 실행된다.

하지만 우리는 이러한 지나친 의무감이 우리에게 하나님의 말씀을 향해 얼마나 방해가 되는지 깨닫지 못하고 있다. 이러한 잘못에서 벗어나기 위해 우리는 매일 성경 읽기 시간에 행하고자 하는 열망을 갖고 말씀에 접근해야 한다. 그리고 하나님께서 우리에게 되어 주신 모든 것이 되기 위해 접근해야 한다. "너희는 말씀을 행하는 자가 되고 듣기만 하여 자신을 속이는 자가 되지 말라"(약 1:22)

우리는 아침 경건의 시간에 이러한 착각들과 싸워 물리쳐야 한다. 이러한 새로운 접근은 처음에는 우리의 정기적인 성경 읽기를 방해할 것이다. 그리고 우리의 계획된 선택을 지체하게 할 것이다. 그러나 나중에는 우리가 읽는 것을 행하도록 결심하게 만들 것이다. 이에 관하여 우리 주님은 이렇게 말씀하셨다.

"사람이 하나님의 뜻을 행하려 하면 이 교훈이 하나님께로부터 왔는지 내가 스스로 말함인지 알리라"(요 7:17).

만일 우리가 하나님의 율법 안에서 즐거워하고 있다면, 그리고 우리의 의지가 그것을 행하고 있다면 우리는 예수님의 가르침에 거룩한 조명을 받을 수 있다. 그러나 우리에게 말씀을 행하고자 하는 의지가 없다면 우리의 지식은 아무런 가치가 없다.

과학이든 예술이든, 혹은 사업이든 간에 삶의 모든 분야에서 참된 지식에 관한 유일한 결과는 행하는 것이다. 사람이 행하지 않는 것은 알지 못하기 때문이다. 나는 하나님의 뜻을 행함으로써 내가 고백한 말씀에 관한 생각이 이 땅에서 통치하고 일하시는 살아계신 하나님의 진리임을 증명하고 있다. 내가 그분의 뜻을 사랑하고 그것을 나 자신의 것으로 받아들였음을 증명하는 것은 오직 그분의 뜻을 행함으로써 가능하다. 그렇기에 하나님과 연합하기 위한 유일한 길은 그분의 뜻을 행하는 것이다.

듣기만 하고 행하지 않는 자기 착각은 조용한 기도의 골방에서 극복되어야 한다. 우리는 개인 성경 읽기를 하는 동안 하나님이 말씀하신 것은 무엇이든지 행하려는 결심을 해야 한다. 그 결심은 우리가 하나님 말씀의 일부분을 가지고 있다면 우리를 도와줄 것이다. 그리고 우리가 이러한 새로운 해결책을 어떻게 성취할 수 있는지 아는 것을 도와줄 것이다.

예를 들어 산상설교를 살펴보자. "심령이 가난한 자는 복이 있나니 천국이 그들의 것임이요"(마 5:3). 나는 나 자신에게 "이것이 무엇을 의미하는가?"라고 묻는다. 나는 계속해서 질문한다. "나는 이러한 명령에 순종하고 있는가? 나는 매일 진지하게 이러한 태도를 유지하기 위해 추구하고 있는가? 나의 성격에 얼마나 자랑스러우며 자부심을 품고 있는가를 인식할 때, 나는 그분이 내 안에서 이것을 행하실 수 있다는 사실을 기꺼이 기다리고 기도하고 믿을 수 있는가? 나는 가난한 심령이 되기 위해 이것을 행하려고 하는가? 혹은 나는 듣기만 하고 행하지 않는 자인가?"

이러한 질문을 통해 나는 팔복을 경험할 수 있다. 그리고 온유와 자비, 사랑과 의로움으로 가르치는 팔복의 모든 설교를 경험할 수 있다. 나는 그분을 신뢰하고 그분의 뜻을 행하는 것에 관해 읽으며 구절구절마다 다음과 같은 질문을 나 자신에게 던질 것이다. "나는 이것이 무엇을 의미하는지 알고 있는가? 나는 그대로 살고 있는가? 나는 그분이 말씀하신 것을 행하고 있는가?"

이러한 질문을 통해 우리는 우리의 태도와 행동에 변화가 필요함을 깨달을 것이다. 그리고 매일 성경 읽기를 통해 그분이 말씀하신 것은 무엇이든 행하겠다는 맹세를 하게 될 것이다. 이러한 질문은 우리에게 전적으로 새로운 통찰력을 줄 것이다. 이 새로운 통찰력은 우리 안에서 그 자신의 생명으로 호흡하시고 우리 안에서 그분이 말씀하신 모든 것을 행하실 예수님을 위한 필요조건이 될 것이다. 그럴 때 우리는 믿음으로 말할 용기를 얻게 될 것이며 우리를 강건하게 하실 그분을 통해 모든 일을 행할 수 있을 것이다. 그분이 말씀하신 것이 무엇이든 간에 그분의 말씀 안에서 행할 것이다.

축복은 행함으로써 나타난다

말씀에서 오는 즐거움과 축복은 오직 그 말씀을 행함으로 알게 된다. 말씀에 대한 순종은 그리스도인의 삶 속에서 가장 중요한 일이다. "너희가 이것을 알고 행하면 복이 있으리라"(요 13:17). 예수님은 제자들에게 하신 마지막 설교에서 하나님의 명령을 지키는 일의 중요성에 대해서 강조하셨다.

"너희가 나를 사랑하면 나의 계명을 지키리라. 내가 아버지께 구하겠으니 그가 또 다른 보혜사를 너희에게 주사 영원토록 너희와 함께 있게 하리니"(요 14:15-16).
"나의 계명을 지키는 자라야 나를 사랑하는 자니 나를 사랑하는 자는 내 아버지께 사랑을 받을 것이요 나도 그를 사랑하여 그에게 나를 나타내리라"(요 14:21).
"예수께서 대답하여 이르시되 사람이 나를 사랑하면 내 말을 지키리니 내 아버지께서 그를 사랑하실 것이요 우리가 그에게 가서 거처를 그와 함께하리라"(요 14:23).

"너희가 내 안에 거하고 내 말이 너희 안에 거하면 무엇이든지 원
하는 대로 구하라. 그리하면 이루리라"(요 15:7).

"내가 아버지의 계명을 지켜 그의 사랑 안에 거하는 것 같이 너희
도 내 계명을 지키면 내 사랑 안에 거하리라"(요 15:10).

"너희는 내가 명하는 대로 행하면 곧 나의 친구라"(요 15:14).

우리는 이 말씀들이 마음속에 들어와서 예수님의 명령을 지키는
일이 모든 영적 축복의 기본이라는 깊은 확신이 들 때까지 묵상해야
한다. 그것은 성령의 오심과 그분의 실제적인 내주하심을 위해 반드
시 필요한 일이다. 그리고 하나님의 사랑에 대한 즐거움과 우리의
삶 속에 예수님을 나타내기 위해 필요한 일이다.

기도의 능력, 예수님의 사랑 안에 거함, 그리고 예수님과 함께하
는 친교의 즐거움은 그분의 명령을 지키는 것에 달려 있다. 또한 매
일 믿음으로 이러한 축복들을 주장하고 누리기 위한 능력은 완전한
순종을 요구한다. 하나님의 뜻을 즐거이 행하는 것은 오직 하나님의
마음을 위한 유일한 길이며 우리의 진실한 마음에 대한 하나님의 유
일한 길이다. 하나님의 명령에 순종하는 것은 모든 축복을 위한 지
름길이다.

이 모든 것은 우리가 요한의 첫 번째 서신에서 확인할 수 있다.

"우리가 그의 계명을 지키면 이로써 우리가 그를 아는 줄로 알 것이요. 그를 아노라 하고 그의 계명을 지키지 아니하는 자는 거짓말하는 자요. 진리가 그 속에 있지 아니하되 누구든지 그의 말씀을 지키는 자는 하나님의 사랑이 참으로 그 속에서 온전하게 되었나니 이로써 우리가 그의 안에 있는 줄을 아노라"(요일 2:3-5).

하나님의 살아계심과 구원하시는 지식에 대한 유일한 증거, 진리에 대한 유일한 증거, 자신을 속이지 않는 신앙에 대한 유일한 증거, 하나님의 사람에 대해서 그 사랑을 소유한 존재라는 사실에 대한 유일한 증거는 오직 여호와 하나님의 말씀을 지키는 것이다.

"사랑하는 자들아 만일 우리 마음이 우리를 책망할 것이 없으면 하나님 앞에서 담대함을 얻고 무엇이든지 구하는 바를 그에게서 받나니 이는 우리가 그의 계명을 지키고 그 앞에서 기뻐하시는 것을 행함이라. …그의 계명을 지키는 자는 주안에 거하고 주는 그의 안에 거하시나니 우리에게 주신 성령으로 말미암아 그가 우리 안에 거하시는 줄을 우리가 아느니라"(요일 3:21-22,24).

그 명령을 지키는 것은 하나님을 향한 비밀스러운 확신이다. 그리고 하나님과 친밀한 교제를 나누는 것이다. "예수께서 대답하여 이르시되 진실로 진실로 네게 이르노니 사람이 거듭나지 아니하면 하나님의 나라를 볼 수 없느니라. 니고데모가 이르되 사람이 늙으면 어떻게 날 수 있사옵나이까. 두 번째 모태에 들어갔다가 날 수 있사옵나이까"(요 3:3-4).

우리가 하나님의 명령을 지키는 것이, 곧 하나님의 사랑이다. 예수님은 세상을 이기신 하나님으로 태어나심으로써 그 무엇이든 우리가 그분의 명령을 지키는 것이, 곧 하나님의 사랑임을 나타내셨다. 우리가 소유한 사랑은 그것이 하나님의 생명으로 태어난 능력 안에서 그의 계명을 지키는 것에 의해 증명되기 전까지는 무의미하다. 하나님을 아는 것, 우리 안에 완전한 하나님의 사랑을 소유하는 것, 하나님 안에 거하는 것, 하나님으로부터 태어나는 것, 그리고 하나님을 사랑하는 것, 이 모든 것은 한 가지 일, 곧 하나님의 명령을 지키는 것에 달려 있다.

우리가 예수 그리스도의 현현을 인식하고 성경이 그분의 명령을 지키기 위해 주어졌다는 사실을 깨닫게 될 때 우리는 우리의 삶 속에 그것이 똑같은 현현으로 주어졌다는 사실을 배우게 된다. 그것은 우리에게 참된 성경 공부를 위한 열쇠 중 하나가 될 것이다. 하나님과 예수 그리스도의 모든 명령을 탐구하고 복종하기 위한 목적으로 성경을 읽는 사람은 말씀이 모든 축복을 가져다준다는 사실을 받아들일 것이다.

그는 특별히 두 가지를 배우게 된다. 첫째, 그는 성령의 가르침이 그를 하나님의 모든 뜻 가운데서 인도하시기를 기다린다. 둘째,

그는 하나님의 뜻 안에 있으므로 매일 책임을 수행하는 데 기쁨이 있다. 그리고 예수 그리스도께서 말씀하신 것을 행할 때 매일의 삶이 얼마나 풍성하게 되는지를 발견하게 된다. "이를 내게서 빼앗는 자가 있는 것이 아니라 내가 스스로 버리노라. 나는 버릴 권세도 있고 다시 얻을 권세도 있으니 이 계명은 내 아버지에게서 받았노라 하시니라"(요 10:18).

말씀은 우리 삶의 빛이다. 그리고 우리의 모든 발걸음은 약속된 말씀으로 인도함을 받는다. 그렇기에 우리 삶은 말씀의 능력이 증명되는 훈련학교가 된다. 그리고 그 마음은 말씀의 가르침을 받고 격려를 받기 위해 준비된 훈련학교가 된다. 하나님의 명령을 지키는 것은 모든 영적인 축복을 위한 열쇠가 된다.

우리는 이러한 충만한 순종의 삶이 무엇을 의미하는지를 이해하려고 노력해야 한다. 여기서 예수님의 가장 분명한 명령 두 가지를 살펴보자. "내가 너희를 사랑한 것처럼 서로 사랑하라." "너희는 서로의 발을 씻겨주어라." 이 말씀을 깊게 묵상한다면 우리는 영적 삶의 율법으로써 어린아이와 같은 사랑과 겸손으로 사는 법을 받아들이게 될 것이다. 이러한 생각이 우리의 소망을 전적으로 그분께 두도록 우리를 격려할 것이다. 하나님은 성령으로 말미암아 우리 안에서 하나님을 즐겁게 하는 의지와 행동, 둘 다를 행하실 것이다.

다시 한번 강조하지만 우리의 한 가지 목적은 의식과 행위 사이에 완전한 조화를 이루는 것이다. 모든 확신은 행위로 옮겨져야만 한다. 예수님의 명령은 우리가 순종해야만 의미가 있다. 만약 명령이 실행되지 않는다면 영적인 지식의 축적은 단지 우리의 영적 삶을 방해하는 걸림돌이 될 것이다. 그리고 우리가 성령으로부터 배우는 것을 할 수 없게 만들 것이다. 그렇기에 우리는 매일 아침 내적 기도의 골방에서 온종일 예수님의 명령을 지킬 것인지를 결정해야 한다. 이러한 결정은 미래의 삶에서 하나님의 뜻을 알고 행하기 위해 완전히 순종할 것인가를 결정하게 만든다.

만군의 하나님 여호와시여 나는 주의 이름으로 일컬음을 받는 자라. 내가 주의 말씀을 얻어 먹었사오니 주의 말씀은 내게 기쁨과 내 마음의 즐거움이오나. 예레미야 15:16.

이 말씀은 우리에게 세 가지 사실을 가르쳐준다. 첫째, 하나님의 말씀은 오직 그것을 즐겁게 찾는 자에게만 발견된다. 둘째, 말씀을 먹는다는 것은 우리의 존재 속에 하나님의 말씀을 흡수해 우리 자신의 생명을 유지하기 위한 개인적인 적용을 의미한다. "예수께서 대답하여 이르시되 기록되었으되 사람이 떡으로만 살 것이 아니요. 하나님의 입으로부터 나오는 모든 말씀으로 살 것이라 하였느니라 하시니"(마 4:4). 셋째, 말씀은 우리에게 기쁨을 준다. "천국은 마치 밭에 감추인 보화와 같으니 사람이 이를 발견한 후 숨겨 두고 기뻐하여 돌아가서 자기의 소유를 다 팔아 그 밭을 사느니라"(마 13:44).

즉 우리는 말씀 속에서 하나님의 뜻을 발견하고 적용해서 기쁨을 얻게 된다.

위의 세 가지 중 가장 핵심은 먹는 것이다. 먹는 것은 탐구하고 발견하는 것보다 먼저 일어난다. 또한 먹는 것은 기쁨을 뒤따르게 한다. 먹는 것은 유일한 목적이다. 먹는 것은 유일한 원인이며 구별된 삶이다. 우리는 비밀스러운 내적 기도의 골방에서 말씀을 먹는 것에 더 많이 의존해야 한다.

발견하는 것과 먹는 것

하나님의 말씀을 먹는 것과 발견하는 것 사이의 차이점을 깨닫기 위해 곳간에 저장된 알곡과 식탁 위에 놓여 있는 빵을 비교해보자. 부지런한 노동으로 씨를 뿌리고 곡물을 수확한 농부가 그의 몸에 필요한 빵을 매일 먹지 않는다면 그 곡물은 그에게 아무런 유익이 되지 못한다.

당신은 아침 경건의 시간에 당신의 성경 공부를 자신에게 적용해 보았는가? 당신은 자신과 다른 사람들을 위해서, 마음과 기억 속에 저장하기 위해서, 그리고 말씀을 온전히 삶 속에서 행하기 위해서 하나님의 말씀을 발견할 필요가 있다. 이러한 작업은 당신에게 위대한 기쁨과 승리에 대한 기쁨을 가져다준다. 그렇지만 당신은 하나님의 말씀에 대한 발견과 소유 자체가 영혼에게 거룩한 생명과 강함을 가져다주는 말씀을 실제로 먹는 것이 아님을 기억해야 한다. 농부가 좋은 씨앗을 가지고 있다는 사실이 그에게 저절로 양식을 공급하지 않듯 하나님 말씀에 깊은 관심이 있다는 사실 그 자체가 당신 영혼에 저절로 양식을 주는 것은 아니다. 말씀이 발견되었다면 그 말씀을 내가 직접 먹어야 한다. 그래야 기쁨과 즐거움을 얻을 수 있다.

그렇다면 말씀을 먹는다는 것은 무슨 뜻인가? 농부는 자신이 노력해서 얻은 곡물을 취해 먹기 전까지는 그 곡물은 농부의 생명에 어떠한 영양분도 공급할 수 없다. 농부는 곡물이 자신의 몸속으로 들어가서 살과 뼈의 일부분이 될 때까지 그것을 완전히 흡수해야 한다. 농부는 하루에 일정량의 곡식을 끊임없이 먹어야만 한다.

우리가 하나님의 말씀을 수집하는 것이 진리 그 자체는 아니다. 그것이 나의 성경 공부에 관한 관심, 혹은 성공이 아니다. 그것이 나의 영적 생명을 건강하게 성장시켜주는 것이 아니다. 또한 내가 얻고자 하는 통찰력, 혹은 이해력을 키워주는 것도 아니다. 오히려 그것은 가끔 나를 예수 그리스도의 거룩함, 혹은 겸손함이 전혀 없는 비영적 상태로 방치할 뿐이다. 그러나 영적 성장이 일어나기 위해서는 반드시 발견 그 이상의 과정이 필요하다. 이를 위해서 예수님이 하신 말씀을 곱씹어보자.

"예수께서 이르시되 나의 양식은 나를 보내신 이의 뜻을 행하며 그의 일을 온전히 이루는 이것이니라"(요 4:34).

우리는 새로운 삶에 대한 명확한 명령, 혹은 책임으로서 하나님의 말씀을 먹어야 한다. 그리고 그것을 우리의 의지와 마음속에 완전히 받아들여야 한다. 우리는 그것을 수행하기 위해서 예수님 안에 있는 능력 안에서 그 규칙과 맹세에 우리 전 존재를 복종시켜야 한다. 그러기 위해서 우리는 가서 말씀을 먹어야만 한다. 우리는 말씀이 우리 삶의 일부분이 되기까지 그것을 우리의 마음 깊은 곳에서 취해야 한다. 그리고 그와 똑같은 과정이 진리, 혹은 약속과 함께 일어나야 한다. 말씀을 먹는다는 것은 말씀이 우리 자신의 일부분이 되는 것이다. 그리고 우리 삶의 일부분으로서 어디를 가든지 말씀을 전해야 한다.

곳간 안에 있는 곡물과 식탁 위에 있는 빵 사이의 차이점을 우리는 성경 공부에 적용할 수 있다. 성경 지식을 수집하는 것과 하나님의 말씀을 먹는 것, 즉 그것을 우리의 마음속에 생명을 주는 영의 능력으로 받아들이는 것은 아주 다른 일이다. 말씀을 발견하는 것과 달리 말씀을 먹기 위해서는 항상 복종해야 한다. 우리는 일 년 동안 곡물을 재배해서 저장할 수 있다. 하지만 며칠 동안 엄청나게 많은 양의 빵을 먹을 수는 없다. 우리는 매일, 그리고 더욱더 많은 날 동안 하루 분량의 음식을 계속해서 먹어야 한다. 그러므로 하나님의 말씀을 먹을 때는 영혼이 한 번에 받아들일 수 있고 소화할 수 있는 만큼의 적당량을 먹어야 한다. 말씀을 먹는 행위는 매일매일 계속해서 일어나야 한다.

하나님의 말씀을 먹는다는 것은 우리가 다음과 같이 고백할 수 있게 해야 한다. "당신의 말씀은 내 마음에 기쁨과 즐거움입니다." 조지 뮬러는 하나님 안에서 행복을 느낄 때까지 말씀 읽는 것을 멈추지 않았다. 뮬러는 하나님 안에서 행복을 느낄 때 비로소 밖으로 나가 하루의 일을 시작했다.

성경 공부를 통해 뜻을 발견하라

오늘날 교회 내에서 더욱 많은 성경 공부를 열망해야 한다. 무디와 같은 복음전도자, 그리고 그 밖에 많은 사람은 설교 중에 하나님의 말씀을 직접 끌어들여서 믿음으로 그것의 능력에 영감을 부여하는 것이 무엇인지를 증명했다.

열심 있는 그리스도인은 다음과 같이 요구한다. "왜 우리의 사역자들은 하나님의 말씀을 더욱더 강조하는 설교를 할 수 없을까요?" 오늘날 많은 젊은 사역자들은 말씀을 어떻게 공부할지, 또는 다른 사람들의 성경 공부를 어떻게 도울 수 있는지에 관한 지식이 부족하다. 하나님 말씀의 단순성과 직접성을 회복하기 위한 신학적인 훈련이 안 되었기 때문이다. 그렇기에 말씀의 단순성은 그들에게 성경이 그들의 유일한 지식과 가르침의 근원이 되게 하는 방법을 가르치기 위해 꼭 필요한 것이다.

성경 공부는 그리스도인의 사역에서 그것의 실재를 하나님의 말씀에 자리를 양보함으로써 개인적인 삶에 충만한 축복을 가져다줄 수 있다. 그러므로 우리는 더욱더 많은 성경 공부에 대한 요구와 그것을 어떻게 진실하게 성취할 수 있는지에 대한 기본 원리를 바라보아야 한다.

하나님의 말씀은 하나님의 뜻에 대해 신뢰할 수 있는 유일한 계시이다. 제아무리 옳은 것이라고 하더라도 거룩한 진리를 설명하는 모든 인간은 불완전하다. 그리고 어느 정도 인간의 권위를 수반한다. 그러나 말씀 속에서 하나님의 음성은 우리에게 직접 말씀하신다. 하나님의 모든 자녀는 말씀을 통해 하나님과 직접적인 교제를 하도록 부르심을 받았다. 하나님은 그분의 말씀 속에서 그분의 마음과 은혜를 계시하신다. 우리는 하나님으로부터 말씀 안에 존재하는 모든 생명과 능력을 우리 마음과 존재 안으로 받아들일 수 있다.

하나님의 말씀은 살아 있는 말씀이다. 말씀은 그 안에 거룩하게 소생시킬 능력을 동반한다. 진리에 대한 인간의 표현은 종종 사람들에게 아무런 효과도 없는 이미지에 불과하다. 오직 하나님 자신이 말씀이시기에 그 안에 있는 하나님의 현존과 능력만이 그것을 효과적으로 만들 수 있다.

우리를 하나님의 거룩한 생각으로 옷 입히기 위해 하나님이 선택하신 그 말씀은 하나님의 호흡이며 그 안에 거주하시는 하나님의 생명이다. 하나님은 죽은 자의 하나님이 아니라 살아 있는 자의 하나님이시다. 말씀이 처음 주어졌을 때 영감이 임했고 하나님의 영은 여전히 그 안에서 호흡하고 계신다. 하나님은 여전히 그 안에서 그 말씀과 함께 계신다. 우리는 이것을 믿어야 한다. 이것은 인간의 가르침이 줄 수 없는 단순한 말씀, 거룩한 말씀을 신뢰할 수 있도록 우리를 인도한다.

그렇기에 오직 하나님 자신만이 말씀에 대한 가장 확실한 해석자가 되실 수 있다. 거룩한 진리는 거룩한 교사를 필요로 한다. 영적인 일에 대한 영적인 해석은 오직 성령에게서 올 수 있다. 말씀의 독특한 특징은 모든 인간적 이해와는 기본적으로 다르다. 그것은 무한히 찬양을 받으시는 것이다. 이러한 사실에 대한 우리의 확신이 더욱 깊으면 깊을수록 우리는 영적이고 거룩한 가르침에 대한 필요를 더욱더 많이 느끼게 될 것이다. 우리는 하나님을 찾으려고 할 것이다. 그리고 마음 안에 거주하시는 성령으로 말미암아 그분을 발견하기 위한 인도함을 받을 것이다. 우리가 성령을 기다리고 신뢰하는 동안 그분은 우리의 마음과 영혼 속에 숨겨진 부분에서 우리가 지혜를 알도록 하실 것이다.

말씀은 기도하는 심정으로 읽어야 하며 우리 안에서 빛과 생명이 되실 성령으로 말미암아 믿음의 뜻으로 마음의 소원을 품어야 한다. 말씀은 뜻과 생명을 연합하는 가장 밀접한 하나님과의 교제를 우리에게 가져온다. 하나님은 말씀 속에서 그분의 온 마음과 뜻을 계시하신다. 하나님은 율법과 교훈 속에서 우리에게 원하시는 것이 무엇인지를 말씀하신다. 우리가 말씀 속에서 하나님으로부터 그 뜻을 받아들이고 우리 자신을 그 뜻에 굴복시킬 때 우리는 하나님의 뜻 안에서 하나님을 아는 법을 배우게 된다. 말씀은 결국 거룩한 현존과 친밀함에서 오는 경외감과 의존감으로 우리를 가득 채우는 하나님의 약속이 된다. 이것이 바로 우리가 성경을 연구하는 목적이 되어야 하며 우리 삶에서 경험되어야 할 진리이다.

지금 우리는 거룩하신 하나님께서 성경 안에서 선포하고 말씀하신 바로 그 말씀을 가졌다. 오늘날 이러한 말씀은 하나님의 생명으로 가득 차 있다. 하나님은 말씀 안에 계신다. 그리고 그분의 현존과 능력은 말씀 속에서 하나님을 찾고자 하는 사람들에게 깨달음을 준다. 우리 안에 내주하시는 성령의 가르침을 찾고 기다리는 자들에게 성령님은 말씀에 대한 영적 의미와 능력을 계시하신다. 말씀은 매일 우리에게 하나님의 임재를 보여주고 그분과의 교제의 매개체가 된다.

그러므로 우리는 성경을 통해 하나님을 찾아야 한다. 하나님께 귀를 기울여야 한다. 잠잠히 하나님을 기다려야 한다. 하나님은 우리에게 말씀하실 것이다. 우리는 더 많은 성경의 가르침에 대해 들어야 한다. 우리는 이러한 한 가지 목적으로 성경을 공부해야 한다. 우리는 말씀이 살아계신 하나님 자신으로부터 결코 분리될 수 없다는 사실을 인정해야 한다. 그리고 하늘에 계신 하나님이 매일, 그리고 온종일 말씀하실 수 있는 완전한 그리스도인이 되어야 한다.

시편 119편의 가르침을 배우라

성경은 하나님의 말씀이 우리의 삶 속에서 존재해야 한다는 사실을 가르치기 위해 특별히 한 부분을 할애하고 있다. 바로 시편 119편이다. 성경 공부를 어떻게 하나님의 뜻에 따라서 할 수 있는지를 진정으로 알기 원하는 사람은 반드시 시편 119편을 주의 깊게 묵상해야 한다. 우리는 삶 속에서 시편의 가르침을 묵상하고 그것을 실제로 행하기를 결심할 때가 와야 한다. 만약 우리가 시편 119편에서 우리에게 주어진 거룩한 규칙을 부정하게 된다면 우리의 성경 공부는 더이상 영적인 유익을 가져다주지 못할 것이다. 우리는 시간을 갖고 시편의 주된 사상을 이해해야 한다. 이것은 우리가 말씀에 대한 보다 더 주의 깊은 묵상의 필요성을 느끼게 해줄 것이다.

다음과 같은 조언은 시편 119편 연구하는 데 도움을 준다.

먼저 하나님의 말씀을 언급하고 있는 다른 모든 이름을 기록하자. 우리가 말씀에 대해 어떻게 느껴야 하는지, 그리고 무엇을 행해야 하는지를 표현하고 있는 모든 구절을 기록하자. 우리 마음과 삶 속에서 하나님의 말씀이 주장하는 것을 주의 깊게 볼 수 있도록 우리를 인도하게 하자. 우리의 모든 능력 - 열망, 사랑, 기쁨, 신뢰, 순종, 그리고 행동 등 - 이 어떻게 하나님의 말씀으로 권면받고 있는지를 생각해보자.

또한 시편 기자가 얼마나 많은 시간 동안 그의 과거 시제 속에서 하나님의 언약을 지켰고 목격했고 즐거워했는지를 말하고 있는지 생각해보자. 그가 얼마나 많은 시간 동안 하나님의 율법 안에서 어떻게 기뻐했고 사랑했으며 존중했는지를 현재시제로 표현하고 있는지 생각해보자. 이 모든 것을 종합해보고 그가 얼마나 더 많은 시간을 하나님의 율법을 지키고 존중하는 자로서 하나님 앞에서 그 자신을 나타내고 있는지 묵상하자. 특별히 이러한 표현들 속에서 하나님과 그의 기도를 연결해볼 때 비로소 우리는 효율적인 기도를 하는 의로운 사람에 대한 분명한 이미지를 갖게 될 것이다.

기도하는 사람들은 스스로 연구해야 한다. 그리고 말씀에 대한 요구를 주목해야 한다. 시편 기자는 그 말씀을 지키기 위한 이해와 능력을 요구하고 있다. 그는 말씀 속에 약속된 축복을 받아들이기를 기도하고 있다. 그리고 그것을 실제로 행하는 법을 발견하게 되기를 요구하고 있다. 특별히 "당신의 율례로 나를 가르치소서" "나에게 총명을 주옵소서"와 같은 기도에 주목하자. 또한 "당신의 말씀을 따라서"라고 기도하는 것에 주목하자.

그뿐만 아니라 그 구절들 가운데 자신의 죄악된 상태로부터, 그의 대적으로부터, 연약함의 죄악으로부터 하나님의 도움이 지연되기 때문에 오는 괴로움이 있음을 생각하자. 이것은 고통의 때에 우리가 왜 하나님의 말씀을 특별히 필요로 하는지를 배우게 한다. 그리고 말씀만이 오직 우리에게 위로를 가져다줄 수 있음을 깨닫게 한다.

시편 119편에서 '당신', '당신의 것', '당신을' 이라는 대명사가 얼마나 자주 등장해서 모든 말씀 속에서 "당신은 나를 가르치소서" "당신은 나를 소성케 하소서"라고 표현하는지를 주목하자. 그때 우리는 시편 전체가 하나님을 향해 부르짖는 기도라는 사실을 알게 된다. 모든 시편 기자는 하나님의 보는 앞에서 하나님의 말씀에 대해, 말씀을 향한 그 자신의 사모함에 대해, 그리고 하나님의 가르치심의 필요에 대해 말씀하고 있다. 시편 기자는 살아계신 하나님과 기도를 통해 말씀 묵상으로 만나는 것은 하나님을 찬양하는 것인 동시에 그 자신의 영혼에 유익이 되는 것이라고 믿었다. 즉 하나님의 말씀에 대한 모든 생각을 통해 자신을 하나님과 교제하도록 이끌었다.

하나님의 말씀은 우리에게 하나님과의 교제에 필요한 풍부한 원천을 제공한다. 우리가 점차 이러한 진리에 대한 통찰력을 얻게 됨에 따라 우리는 말씀으로부터 새로운 의미를 찾게 될 것이다. 우리가 시편 119편의 구절들을 이해하게 될 때 우리는 그 말씀이 우리를 하나님의 현존으로 들어올리기 위해 어떻게 도와주는지를 발견하게 될 것이다. 우리는 "주의 의로운 규례들을 지키기로 맹세하고 굳게 정하였나이다"(시 119:106)라는 말씀과 같이 순종과 기쁨의 생활로 들어올려 질 것이다.

성령의 은혜로 말미암아 우리 삶이 시편 119편에서 계시하고 있는 헌신적인 생활이 되기를 추구하자. 다른 그 무엇보다도 오직 하나님의 말씀만이 우리를 하나님께로 인도하게 하자. 그 말씀 안에 있는 모든 축복이 기도의 제목, 특별히 거룩한 가르침을 위한 우리의 필요가 되게 하자. 하나님이 우리를 도와주실 수 있도록 그 말씀에 대한 우리의 사모함이 어린아이와 같은 간구와 확신이 되게 하자. 우리의 기도에 하나님이 우리를 소성하게 하시며 축복해 주신다는 선언이 뒤따르게 함으로써 하나님의 명령에 순종하도록 하자. 우리에게 임한 하나님의 모든 말씀이 우리가 다른 사람들에게 말씀을 전하기 위한 보다 더 강렬한 열망이 되게 하자.